国家自然科学基金委资助项目（71663001）成果之一
北方民族大学科研项目(2016JJKY04)出版基金支持

农村公共物品投资时空变化分析及影响研究

AN ANALYSIS OF SPATIAL-TEMPORAL VARIATIONS IN RURAL PUBLIC GOODS INVESTMENTS AND THEIR IMPACT

● 杨云帆◎著

经济管理出版社
ECONOMY & MANAGEMENT PUBLISHING HOUSE

图书在版编目（CIP）数据

农村公共物品投资时空变化分析及影响研究/杨云帆著．—北京：经济管理出版社，2017.9

ISBN 978-7-5096-5315-9

Ⅰ．①农…　Ⅱ．①杨…　Ⅲ．①农村—公共物品—供给制—研究—中国　Ⅳ．①F299.241

中国版本图书馆 CIP 数据核字（2017）第 210376 号

组稿编辑：陈　力
责任编辑：杨国强　张瑞军
责任印制：司东翔
责任校对：董杉珊

出版发行：经济管理出版社
（北京市海淀区北蜂窝 8 号中雅大厦 A 座 11 层　100038）
网　　址：www. E-mp. com. cn
电　　话：（010）51915602
印　　刷：北京玺诚印务有限公司
经　　销：新华书店
开　　本：720mm×1000mm/16
印　　张：10.25
字　　数：162 千字
版　　次：2017 年 11 月第 1 版　　2017 年 11 月第 1 次印刷
书　　号：ISBN 978-7-5096-5315-9
定　　价：48.00 元

前 言

破除城乡二元结构、促进城乡协调发展是我国现阶段面临的重大课题。借鉴国际上的成功发展经验可以看出，要想缩小城乡之间的差距，重要的途径是提供符合农村发展和农民需要的公共物品。本书利用 5 省 101 村四轮实地调查数据，从村庄和农户层面入手，详细分析了我国农村公共物品提供的现状、动态特征、决定因素以及农村居民对相关公共物品的满意程度，评估了公共物品投资对经济发展的影响，如道路项目对农民非农就业的影响。通过分析促进农村公共物品有效提供的因素及其作用，探讨了农村公共物品有效提供的阶段特性，为今后完善农村公共物品的投资结构、调整公共物品投资策略、促进城乡协调发展目标的实现提供了相应的决策参考和政策建议。

从投资的发展趋势和阶段特点两方面看：①我国农村公共物品投资涵盖了农民生产生活的诸多方面，但从农民对公共基础设施和服务的满意程度和投资意愿看，仍然不能满足当前农民的需要；②税费改革和新农村建设的政策效果已经显现，村级公共物品的资金来源多依赖于上级政府；③道路、生活用水及灌溉投资与服务提供水平地区间的差距明显，灌溉服务提供水平严重不足；④村人均纯收入和少数民族人口比例对公共物品投资项目数量和规模没有显著影响，村人均耕地面积和有效灌溉耕地面积比例与公共物品投资项目数量和规模呈负相关关系。

本书研究表明：①在村庄层面，公共基础设施整体而言改善显著，设施质量没有因为数量扩张而下降。新修道路对女性村民非农就业有显著影响，对全体村民非农就业的影响效果不显著。②在农户层面，农户对农村公共物品满意程度整体而言不太高，他们具有很强的集资建设公共设施的意愿，希望参与设计和实施项目。

基于上述结论，本书提出如下政策建议：①进一步加大农村公共物品的投资力度，尤其要关注灌溉设施、生态环境、学校和诊所的投资；②农村公共物品投资今后需要更多地考虑基础设施差、相对贫困、偏远和山地地区的需要，进一步缩小地区间基础设施与公共服务提供水平的差距；③农村公共物品投资项目在保证高质量的前提下需要兼顾村民的需求和投资意愿，修建项目时应当更多地采用由上级政府、村集体和村民共同出资修建的方式。

目 录

第一章 引 言

第一节 研究背景

改革开放以来，我国经济取得了举世瞩目的成就，但在城乡协调发展的问题上仍然面临巨大挑战。世界银行的报告指出，中国是“二战”后保持经济高速增长的13个经济体之一（World Bank，2008）。2007~2010年我国GDP年均增长速度超过10%，2010年中国GDP总量已列世界第二位，占世界的比重也从2005年的5%提高到2010年的9.5%（国家统计局，2011）。伴随着经济的快速增长，我国的经济结构、社会结构、制度结构发生着深刻的变化，我国正处于由生存型社会向发展型社会转变的全新发展阶段。

当前，我国的经济体制、经济增长方式正在发生着深刻变革，这一变化不仅带来了巨大的发展活力，也蕴含着深刻的社会矛盾。城乡二元经济结构仍然存在，城乡差距还很严重，迫切需要进一步破除城乡二元结构，构建“以工促农、以城带乡”的长效机制，以促进城乡的协调发展。借鉴国际上发达国家成功转型的经验，我国已经跨入了“工业反哺农业，城市反哺农村”的发展阶段（Timmer，1998；苏明，2007）。在准确把握国民经济和社会发展现状及要求的基础上，中国共产党第十六次代表大会适时提出了解决城乡二元结构矛盾、统筹城乡经济社会发展的指导思想和基本方略，随后出台了一系列的方针政策。国家财政部2003年提出公共财政支持“三农”工作的指导思想后，

“公共财政覆盖农村”得到了社会各界的广泛认同，开始走向政策实施层面（丁学东、张岩松，2007）。我国公共财政覆盖农村的政策范围不断拓展，公共财政对农村发展的支持由原来比较狭窄的农业生产向农村公共基础设施建设延伸。在农村基础设施方面，结合农村“六小”工程建设的经验，增加农村公共建设投资力度，逐步将中小型基础设施建设纳入政府财政基本建设投资范畴（苏明，2007；邓子基，2009）。以道路为例，依据《农村公路建设规划》的指引和政府投资的大力支持，近年来我国农村道路建设步入了快速发展阶段。2007~2010 年全国新改建农村公路 121.8 万千米，建成通乡油路 7.89 万千米，通村油路 35.16 万千米。截至 2010 年底，我国农村公路总里程达到 365 万千米，实现乡镇公路通达率 99.5%，通畅率 89.87%；建制村公路通达率 92.96%，通畅率 70.49%（惠恩才，2012），道路基础设施不仅是农村社区实施数量最多、投资额最高的公共物品投资项目，而且在村庄所有类型的公共物品投资项目和投资总额中，道路基础设施所占的比重仍在不断上升。

然而，国务院发展研究中心 2010 年的报告指出，“十一五”期间我国虽然在农村公共社会事业和改革服务等方面取得了较大成就，但是，农业、农村基础设施落后和农村公共物品供给不足的状况仍然没有大的改观（国务院发展研究中心课题组，2010）。

首先，农业基础设施依旧脆弱。截至 2011 年底，全国仍有 1080 个乡镇、103095 个建制村不通沥青（水泥）路（人民网，2012）。农村中低产田占2/3，有效灌溉面积仅占耕地面积的 46%，还没有从根本上摆脱“靠天吃饭”的被动局面。

其次，农业科技支撑能力不足，农业科技进步贡献率仅为 49%，大大低于发达国家 70%~80%的水平，农业科技成果转化率仅为 30%~40%，远低于发达国家 80%以上的水平，灌溉水有效利用系数只有 0.46，只相当于国际先进水平的 60%。

再次，农村生活用水不安全、供水难、环境污染难治理等问题仍然突出，第二次全国农业普查显示，80%多的乡镇生活污水没有经过集中处理，未实施集中供水的镇还有 28%（韩俊，2009）。

最后，中国地区间发展极不平衡。落后地区如贵州、甘肃还在为脱贫做努力，广东和江苏已经具有中等收入水平，而上海从多项指标看已经是富裕的经济区（霍米·卡拉斯，2011）。这就要求中央的公共物品投资要兼顾各地区的发展水平。

由此可见，我国的农村公共物品未能有效提供，公共物品的供给并没有满足农民的有效需求。我国的农村公共物品投资在促进农民收入增加、缩小城乡差距方面的作用并没有充分发挥。

第二节 问题提出

中国现在已经逐渐在步入中等收入国家行列，借鉴国际经验，现阶段要摆脱“中等收入陷阱”，必须缩小城乡收入差距，加大农村地区公共物品投资（蔡昉，2014）。中央近些年来为支持“三农”发展已投入资金超过两万亿元。这些资金投入后，在各地区的效果到底如何？不同投资项目在不同地区是否达到预期目的？“十二五”期间的新增投资又该投向何处？对上述问题的回答无疑对国家战略投资的方向把握上有着重要的理论意义和现实意义。更为重要的是，这么大强度的公共物品投资是否符合普通百姓的需求和愿望？是否令他们满意？然而这些问题目前并没有明确的答案，而这些问题无疑又是亟待解决的。究其原因，从学术研究的角度看，其一，许多对农村公共物品投资的研究都是基于某一时点调查数据的现状描述，缺乏长期的跟踪调查，不能提供公共物品投资发展变化的趋势分析；其二，不少研究是基于宏观统计数据的投资效率、成本收益分析，缺乏微观层面对农村公共物品提供效果及影响的系统评估和研究。上述因素共同作用导致当前对农村公共物品提供的动态趋势以及阶段特征的认识还存在一定局限性，对公共物品提供后农户满意程度变化及其影响的了解还不够全面，因而难以制定出有效可行的农村公共物品提供办法。

本书将在对过去 14 年间农村公共物品提供现状了解的基础上，根据农村居民对公共物品提供效果的评价，再结合量化分析模型系统评估农村公共物品投资的效果，同时探索改善农村公共物品有效提供的可行办法，并在此基础上提出适应城乡协调发展的政策措施。从这个意义上看，本书对于如何进一步提高农村公共资源有效利用、改善公共物品提供水平、促进我国城乡二元经济的成功转型和摆脱“中等收入陷阱”目标的实现有很强的现实意义和政策含义。

第三节　研究目标与内容

一、研究目标

本书的目标是从村级层面入手，认清我国农村公共物品提供的现状、时空变动趋势和决定因素，并根据村庄居民对公共物品满意程度的发展变化，判断当前公共物品的提供对农民非农就业的作用及影响，为完善今后农村公共物品投资结构，提高公共资源利用效率，促进城乡协调发展目标的早日实现在农村公共物品提供机制等方面提供决策参考和相应的政策建议。

二、研究内容

为了实现上述研究目标，本书着重在以下几方面进行深入研究。

（一）农村公共物品投资的时空变化分析

这一部分主要通过具有全国代表性的连续跟踪调查的数据，了解中国农村公共物品提供的现状、趋势和区域分布，分析中国农村现在实际上有哪些部门参与公共物品提供，提供数量及其分类，探讨我国农村公共物品提供是否有向贫困地区和少数民族区域倾斜的特征，特别是那些由上级政府提供的项目，因为它们才真正具有可调控特征。在此基础上考察我国农村公共物品提供的公平性以及与可持续发展相关的一些问题。

（二）农村公共物品投资的质量分析

质量是公共物品的生命线，本部分先从公共物品质量的科学定量评分角度对样本村道路项目进行质量评估，然后依据评估得分对道路质量进行优劣判断，再考察是否存在因为道路项目投资规模增加使得项目质量下降的情况。

（三）村民对农村公共物品的满意程度分析

从农民对公共物品满意程度的角度了解我国农村公共物品的提供多大程度上给农民带来福利。研究内容包括样本村公共物品提供数量、提供质量、提供来源以及村民获取相关服务面临的困难和挑战。在深入了解这些内容的基础上，进一步分析村民对不同类型公共物品的满意程度、决定因素及其作用。

（四）农村公共物品影响分析

本部分先描述样本村多年来外出打工劳动力的人口统计特征变化情况；然后根据样本村新修道路的状况，系统分析农村新修道路对农民非农就业的影响。

第四节　全书结构

依据本书的研究目标和研究内容，全书共分为十章：

第一章，引言，主要介绍研究背景，问题的提出，以及研究目标、研究内容和全书结构安排。

第二章，文献综述，对几个方面的研究做一简单综述。首先，明确公共物品投资的概念和公共物品的概念。这两个概念的明确有助于全书内容框架的建立。其次，综述了公共物品投资的影响，从经济增长、减少贫困、缩小地区差距、提高居民福利水平几个主要决定因素展开讨论。再次，综述了影响公共物品提供水平的政治因素、财政体制因素、人口与社会经济因素。最后，综述了影响评估方法在中国的实践。

第三章，研究框架、研究方法和数据来源。首先介绍了本书的整体研究框架。其次阐述了本书采用的计量经济模型，重点说明了计量经济模型估计中可能出现的问题和解决方法。最后介绍了本书的数据收集过程，包括调查方案设计和调查内容。

第四章，农村公共物品投资动态变迁。本章进入全书的主体部分。首先介绍了多年以来国家财政对农业的支出变化。其次利用 14 年的村级数据描述了农村公共物品投资总体结构和规模的发展变化以及不同省份的演变趋势。

第五章，农村公共物品投资资金来源与区域差异分析。本章首先根据不同项目类型和省份探讨了公共物品投资资金的来源。其次描述分析了农村公共物品投资、公共基础设施水平和公共服务可得性地区间的差异及异质性。

第六章，农村公共物品投资决定因素分析。本章首先描述了样本村公共物品投资项目的数量和金额的分布情况。其次列出了可能的决定因素，并进行了相关分析。最后通过面板数据计量经济模型对决定公共物品投资的因素进行了定量分析。

第七章，农村公共基础设施的发展变化及质量的决定因素分析。农村公共物品投资带来的主要结果就是基础设施的变化。本章首先描述 14 年来农村公共基础设施的发展变化，进而探讨公共物品投资策略的变迁。其次以农村道路为例，通过面板数据固定效应模型分析影响农村道路质量的因素。另外，本章还关注农村道路近些年规模的扩张是否造成质量的下降。

第八章，村民对公共物品满意程度及其决定因素分析。本章首先描述了农户对公共物品满意程度和投资意愿的变化。其次从村民对道路项目的集资金额变化与对道路项目满意程度变化的对比分析中，考察了影响村民满意程度的因素。最后通过离散变量回归模型分析了村民的满意程度是否受到集资修建的影响。

第九章，基础设施的影响分析——以道路对农民非农就业的影响为例。本章首先从劳动力年龄、性别和教育程度三个维度，讨论了近年来参与非农就业的农村劳动力特征变化。其次利用影响评估方法分析了新修道路对农民非农就业时间的影响。

第十章，研究结论和政策建议。这一部分将对本研究的结论做一个总结，在此基础上提出今后农村公共物品投资策略改进的政策建议，并对本书的研究创新之处和需要进一步研究的问题进行讨论。

第二章　文献综述

第一节　基本概念

一、公共物品投资

公共物品投资按照字面的理解是对公共物品所进行的投资，是从用途的角度对这一概念进行定义（朱晶，2003；张林秀等，2005；李强等，2006；吴洪鹏、刘璐，2007）。但文献中对于这类在公共物品上的投资还有提法如公共投资（罗仁福等，2011）与公共支出（刘尚希，2002；李燕凌、曾福生，2006；沈坤荣、张璟，2007）。国外文献对这一概念也有不同定义。如“提供不同公共物品，例如研发、基础设施和教育”（Zhang 和 Fan，2004）；“产生将来财政受益的各类公共支出”（Easterly 等，2008）。造成这一现象的原因是经济学理论所用概念和定义与政府统计所用概念和定义的不一致。为此，本节旨在厘清各概念间的关系，并说明本书使用公共物品投资概念的内涵和外延。

根据政府财政统计手册（IMF，2001），政府的公共支出依据去向可分为两大部分。第一部分称为开支（Expenses），包括了雇员报酬、商品和服务的使用，固定资本消耗、利息、补贴、赠予、社会福利和其他支出。第二部分是非金融资产交易（Transactions in Nonfinancial Assets），包括固定资产、库存、非生产资产、贵重物品。根据这一分类，总公共物品投资可以近似等于生产与获得除贵重物品以外的非金融资产，净公共物品投资还要减去固定资本消耗（Mogues 等，2012）。

政府财政统计手册提供了另外一种按支出功能分类的政府公共支出分类方法，主要包括一般公共服务、国防、公共秩序和安全、经济事务、环境保护、住房和社会福利设施、医疗保健、娱乐文化和宗教、教育、社会保护。我国统计的分类有所不同，包括十六个部分，但内容基本包括了上述部分。因此，在国内学者使用公共支出这一概念代表公共物品投资时通常从这十六种功能分类中进一步细分，再说明这些支出用在如道路桥梁、水利、通信等方面（沈坤荣、张璟，2007）。本书采用的公共物品投资依据去向分类属于非金融资产的交易，但从功能方面可以看作是国家在相关公共物品方面的支出。

二、公共物品

根据公共经济学原理，公共物品权威定义由 Samuelson（1954）给出，是指具有消费的非竞争性和非排他性的物品。消费的非竞争性指某人对公共物品的消费并不能减少别人对这个物品的消费，而非排他性是指不可能或至少很难（或可能但经济上不可行）将别人排除在对该物品的消费之外。现实中具有这两类性质的物品通常称为纯公共物品。

根据上述定义，农村公共物品中道路、桥梁可以算作具有非排他性和非竞争性的纯公共物品。但生活用水、灌溉等公共物品的非排他性没有那么严格，它的非排他性仅针对本地村民，外村的村民很难享受本村的这些公共物品。而本村的卫生环境、生态环境具有排他性但不具有非竞争性，因而经济学文献中将这种只具有非排他性和非竞争性之一特性的公共物品称为准公共物品。村文化活动场所则同时具有排他性和一定程度的竞争性，这种公共物品称为俱乐部物品。本书使用的公共物品概念包含以上所列举的纯公共物品、准公共物品和俱乐部物品。

第二节 公共物品投资的理论与实践

经济学原理认为，公共物品供给不足的原因是公共物品非排他性的存在，导致了私人不愿意提供，同时由于非竞争性，导致边际成本定价失灵，因此，私人提供存在无效性。这种情况被称为市场失灵。关于应对市场失灵，三个经济学流派提出了不同的主张。

影响最大的是福利经济学流派。该学派认为政府应干预市场，政府应提供在竞争市场条件下公共物品的数量。但批评者认为福利经济学派所持观点基于完全竞争市场，这个假设条件在现实中是找不到的。以科斯为代表的产权学派则承认这个假设条件现实中不存在，认为政府应该寻求制度安排处理公共物品问题。例如，政府要补贴给公共物品提供者，或者提供享受公共物品的各方机会讨论如何分配产权，从而各方可以满意自己的权利和义务，使公共物品能够有效提供。产权学派和福利经济学派最大的不同在于产权学派不支持政府直接干预。以布坎南为代表的制度经济学派观点则认为，政府的行动不应该是补贴一方而制裁另一方，而是提供激励能让公共物品相关各方有一致同意的安排。

实践中，福利经济学流派的观点最受推崇，原因是政府直接干预的成本和效果相对容易度量。而且，社会实践中发现，政府干预提供公共物品效果不仅是解决市场失灵，有证据表明政府干预促进了经济增长。20 世纪 50 年代，许多发展中国家纷纷独立，当时普遍对市场机制促进增长的能力抱有怀疑态度。由此引致了广泛的政府干预，这时主要是通过进口替代战略促进工业化。然而，70 年代的石油危机与 80 年代的债务危机，使经济增长大幅减缓，导致反对政府干预经济的呼声高涨，这种干预被认为抑制了私有化发展，并阻碍了有效地应对冲击。90 年代初期，在布雷顿森林体系及所谓的华盛顿共识指引下，许多国家出台了一系列结构调整项目，旨在让市场发挥作用。而事实证明，这些结构调整项目并没有实现预期的增长。这些发展的范式反映了关于发展过程的理论和实证思考的演变。

近些年实践中的一种观点被人们广泛接受，即单靠增长是不够的，需要更直接的公共行动（Haddad 等，2003）。为了使增长能够成为充分条件，需要明确三个相互独立的政策要求。首先，增长需要在广泛的范围内展开，即更注重劳动力和农业，以使贫困人口受益；其次，需要加强贫困家庭的资产基础（特别是提高他们获得教育和卫生服务的可及性），以使他们能够参与增长过程；最后，需要进行短期的公共转移以保护和增加最贫困家庭的消费，直至他们能够通过更多的生产性就业机会分享增长所带来的益处。为了实现这些政策条件，公共物品投资在其中扮演着关键角色。其中，起重要作用的不仅是政府支出规模，公共支出的分配和使用方向也非常关键。如果各部门间公共支出的初始分配次优，则向具有比较优势的政府部门重新分配公共支出将带来巨大的福利收益。因此，开始有大量文献探讨各种公共物品投资的作用与影响。

第三节　公共物品作用及影响研究

一、公共物品投资对经济增长的影响

公共物品投资对经济增长影响随着经济增长理论的发展不断变化。以索洛（Solow）为代表的新古典经济增长理论认为，长期的经济增长依赖于外生的技术进步，公共物品投资并非现代经济增长的要素，因而这一学派中并不重视公共物品投资的研究。内生经济增长理论则认为人力资本、公共物品投资等活动的外部性是经济长期增长的源泉，使学者开始关注公共物品投资对经济增长的影响。公共物品投资对经济增长的影响主要体现在如下几个方面。

（一）提高生产率

Aschauer（1989）开创性的实证研究是利用生产函数探讨公共物品的作用。他利用美国 1949~1985 年的数据，对公共物品投资与经济增长的关系进

行了检验，发现诸如城市道路、高速公路、机场等“核心基础设施”对美国私人部门的生产率具有最强的扩张效应。他出色的实证工作展示了基础设施投资对经济发展的极端重要性。Canning（1999）使用了57个国家30年的数据分析发现，电话设施的边际生产率贡献要高于道路和电力设施的贡献。

在发展中国家的经济增长过程中，公共物品投资同样也发挥着重要作用。Zhang和Fan（2004）应用系统广义矩方法，使用1970~1994年印度地区数据，实证检验了生产率增长与基础设施建设之间存在显著的正相关关系。Fan和Chan（2005）的研究分析了道路的数量和质量对经济增长及缓解贫困的贡献。结果表明，在中国，低等级公路（主要指农村道路）对GDP的贡献是高等级公路的四倍。刘秉镰等（2010）利用了空间面板数据分析方法发现交通基础设施对我国经济增长有显著的正影响。樊胜根（2009）利用中国1965~1993年的面板数据分析了基础设施和农业产出以及农业生产率之间的关系，结果表明，农村基础设施对农业生产率的提高和农业产出的增加具有显著的贡献。

（二）降低成本

利用生产函数研究的一个缺点是违反了边际生产率理论的假设。因而不少学者利用成本函数开展研究并视政府提供的公共物品为免费投入，并作为外部条件影响企业追求利润最大化的决定。Cohen和Morrison Paul（2004）利用美国48个州1982~1996年的数据发现，高速公路基础设施的修建可以有效降低企业的成本，从而提高了生产效率和产出增长。

（三）提高交易效率

公共物品投资有助于交易成本的降低，提高交易效率从而带动经济增长。也可以通过改善劳动效率直接促进产出的增加。Yoshino（2008）发现非洲落后的基础设施对制造业出口产生的负面影响。Easterly和Servn（2008）指出，拉美与东亚地区单位劳动力产出差异的1/3可以归因于公共物品投入的不足。

二、公共物品投资对减少贫困的影响

公共物品的提供不仅对经济增长有显著的影响，而且对减少贫困人口也有重要作用。世界发展报告（2004）指出，落后地区如道路、教育、健康服务、卫生生活用水、通信等关键服务的提供对于贫困人口的脱贫、城乡和区域的统筹发展具有至关重要的意义。

樊胜根（2009）利用印度、泰国、乌干达的宏观数据，采取系统方程的方法，估计了农业研究与开发、灌溉、道路、电力、教育、水土保持、卫生等项目对减少贫困的边际影响。他发现农村基础设施（道路、电力等）对降低贫困发生率的影响最大。例如在印度，每花费 100 万卢比将会有 124 人脱贫。即使泰国这样的中等收入国家，公共物品投资投向农业研究与开发、灌溉、农村教育及基础设施仍然对农村贫困的减少有正的边际影响。

关于中国的研究中，樊胜根等（2002）利用中国的分省数据，建立了联立方程模型，系统地研究了中国农村公共物品投资在缓解农村贫困、降低收入分配差距方面的作用，结果发现政府在农业科研、灌溉、教育等基础设施领域的投入不仅推动了农业产出的增长，也有助于缓解农村贫困。刘晓昀等（2003）以贵州农户调查数据为研究对象，发现贫困地区农户明显能够从基础设施投资中获益。

三、公共物品投资对缩小地区差距的影响

公共物品中的基础设施水平能影响资本和劳动力的转移，可以使区域间经济增长和生产力趋同，从而缩小地区间差距。Dmurger（2001）发现，基础设施的发展差异显著影响了中国地区间差距。因而提高基础设施水将有效缩小东西部之间的地区差距。Jacoby（2000）的研究发现，公共物品投资有助于贫困地区的收入向富裕地区趋同，从而减少区域差距。

林毅夫（2003）指出，农村基础设施建设有助于推进农村现代化，有助于缩小城乡和地区间的发展差距，为广大农村居民参与经济发展过程、分享经

济发展的成果创造必要条件。樊胜根等（2002）发现，政府对农村教育的投资对缩小地区间差距的回报率最高，而教育对缩小地区差距的途径主要是通过增加农民非农就业机会而实现。事实上，很多研究分析了提供公共物品对增加农民非农就业的影响。

总结文献发现，提供同样的公共物品，带来的效果不止一个。比如修建道路，即通过提高非农就业提高了农民的收入，从而缩小的地区差距，也减少了贫困人口；非农就业促进了生产的增长，大规模的非农就业显著提高了经济的增长率。但关键在于，同样的项目在不同国家不同时期的效果并不相同，因而需要不断地利用数据研究当前公共物品投资回报情况。但是，对于中国农村公共物品投资回报的研究现状多是基于一次调查所作出的结论，多期持续跟踪农村公共物品投资发展变化的研究尚不多见。

四、公共物品投资对居民福利的影响

经济发展的最终目标是提高全体人民的福利。公共物品作为一国和地区的社会福利影响当地居民的福利水平。对居民福利的度量有主观和客观两个层面。客观层面主要通过收入、教育水平、医疗健康指标反映，主观指标依靠居民满意程度衡量。

在客观的指标度量方面，世界卫生组织（WHO，2001）指出，为低收入国家提供基本的卫生保健服务将会带来2.8倍的收益。Duflo（2001）的研究利用1973~1978年印度尼西亚学校建设项目的数据发现，修建学校项目平均增加每个孩子0.12~0.19年的教育。Kremer（1995）研究发现，对基础教育投资（提供课本）将有效提高学生的学习成绩。

满意程度作为被访谈者的主观意愿以反映福利水平在近20年逐渐受到关注。正如Ng（1997）所描述的那样，经济学家对于效用的比较常常持怀疑态度，因而不少经济学家拒绝接受满意程度作为研究对象。这一情况被在心理学领域对于主观态度、满意程度、效用和福利的研究发现所改变（Diener等，1999）。对于满意程度、主观福利的研究开始大量出现。

公共物品与满意程度的研究领域主要集中在两个方向。

第一个方向是利用公众对公共物品的满意程度对公共物品予以定价。目前研究主要集中在如下几个方面：恐怖主义的社会危害成本估计（Frey 等，2009）；空气质量价值（Luechinger，2009）；噪音污染的成本估计（Van Praag 和 Baarsma，2005）；洪水灾害的成本估计（Luechinger 和 Raschky，2009）等方面。

第一个方向是公共物品满意程度的决定因素。Blanchflower 和 Oswald（2004）列出了影响个人主观自评福利程度的影响因素，包括公共物品提供的质量、应答人所处的经济社会环境，对公共物品期望、是否比其他人享受到更好的服务等。Duffy（2000）利用英国人口调查数据发现，人口特征对于公共物品满意程度有显著的影响。Deichmann 和 Lall（2003）研究了印度两个城市饮用水供应和居民满意程度的关系，发现居民的满意程度确实随着设施质量的提高而提高，但满意程度的改善也并非完全取决于设施质量，与其他邻居相比的优劣也影响着居民的满意程度。

对中国农村的公共物品满意程度方面，范围主要集中在公共基础设施和教育、卫生等公共服务方面。不少研究分析了村民对这些公共物品提供的需求和意愿以及村民对农村公共服务的满意程度（杨美丽，2007；夏峰，2008；周青等，2008）。然而这些研究没有很好地结合当地公共物品提供的现状及当地的自然、社会、经济特征进行系统分析。虽然也有一些研究利用村一级层面的调查数据，结合村级公共基础设施投资情况探讨了农民对公共物品的满意程度及投资意愿，但没能很好地分离社区和村民个体特征的影响（张林秀等，2005；李强等，2006）。Yi 等（2011）在分析农民需求满意程度时考虑了村庄特征，但数据只到 2005 年，没有近期的变化。

总之，在了解农民公共物品需求、意愿及满意程度的研究中，存在的不足是在了解农民对社区公共物品提供的需求、意愿和满意程度时，缺乏对村级公共物品投资情况、社区和农户特征等相关信息的了解，从而难以判断现有的公共物品投资策略和服务提供水平是否符合村民的需求和意愿，是否需要做出相应的调整以及如何进行调整等。

第四节 公共物品有效供给的影响因素研究

一、政治因素

政府作为决策者，在将支出用于公共物品投资时，经常受到许多政治因素影响。例如，Sass（1991）分析了不同政府结构对教育公共物品投资的影响，发现选民的偏好具有显著的决定作用。而 Cusak（1997）利用了 15 个 OECD 国家 1950~1989 年的数据，对政党偏好和政府公共物品投资进行了回归，得出的结论是左翼政党使公共物品投资支出增多，而右翼政党更希望减少支出。

政治因素中另一个广受关注的因素是地方执政领导的人选制度。Chattopadhyay 和 Duflo（2004）利用印度任命村领导的随机试验发现，女性作为村领导则更多地投入女性群体广为关注的饮用水项目，而更少投资在男性群体关注的教育项目。Foster 和 Rosenzweig（2004）对印度 250 个村 18 年的数据分析发现，村庄民主制度的存在使村公共物品投资从以前按村领导的意愿转向更多地考虑村民的需求。

在中国的农村选举影响的研究中，尚无一致意见。张晓波等（2003）利用江苏省 60 个村的调查数据，发现村庄选举并不能显著提高村庄的公共物品投资水平。Tsai（2007）发现，村干部因受到村庄宗族等方面的影响，民主选举的村庄和没有民主选举的村庄公共物品数量差别不大。但罗仁福等（2006）利用 2049 个村庄的村民选举数据发现，直选的村领导能够显著地提高村庄公共物品投资支出。张同龙、张林秀（2013）研究发现，村庄选举参与中，只有完整参与投票的村庄对公共物品投资有显著的正向影响。

二、财政体制

经济理论认为，通过财政分权能使公共物品更好地满足当地居民的需求（Tiebout，1956）。Oates（2008）进一步得出，财政分权能够给当地政府提供有效激励，因而促使政府提供质量更好的公共物品。不少文献发现，在财政分权体制下公共物品提供的水平提高（World Bank，1994；Zhang 等，2004；周飞舟，2006a）。

关于中国财政分权对公共物品的影响也有相对立的结论。乔宝云等（2005）发现，财政分权对小学的义务教育有负面影响。傅勇和张晏（2007）利用 1994~2004 年省级面板数据发现，现有的财政分权体制造成公共支出的扭曲，地方政府缺乏内在动力提高公共服务的支出比重。相反的结论，如张军等（2007）发现，财政分权有助于促进地方政府的竞争，使地方政府加强了基础设施的提供水平。同样应用了省级面板数据，陈硕（2010）得出财政分权显著改善了公共物品供给水平的观点。

综上所述，不同的研究方法和公共物品项目，得出财政分权的影响各有不同。但是，一个比较能够得到认同的观点是，如 Wong（2013）提出，各级政府需要通力合作才能提供高质量、低成本的公共物品。

三、人口与社会经济因素

一个以服务为导向的政府的目标，是满足当地居民和社区对公共产品及服务的需求（世界银行，2008）。因此，如何根据当地的人口与社会经济条件提供公共物品成为研究的焦点。

Feldstein（1997）认为，由于老年人在住房、养老与医疗等社会保障方面需要更多的公共支出，因此地区人口特征会显著影响公共支出的构成。同样，如果一个地区年轻人比较多，则对于教育的需求比较强烈，将对当地的教育支出产生影响（Marlow 和 Shiers，1999）。

有关中国农村公共物品的研究中，大部分文献都考虑到了这两类因素对公共物品提供的影响（张晓波等，2003；Zhang 等，2006；罗仁福等，2006）。但是，地区的人口与社会经济因素在不断变化中，这些研究使用到的数据都是某一次调查获得的横截面数据，缺乏对同一地区人群的长期跟踪调查，从而难以得到人口与社会经济因素对公共物品提供影响的更加可信的结果。

第五节 中国公共物品影响评估的实践

近年来，影响评估已经成为发展类项目或政策设计和执行的重要部分。研究者在对原来倡导的“监测与评估”在项目实施中起重要作用持肯定态度的同时，支持开展更加科学的影响评估（张林秀，2013）。

影响评估方法主要分为“随机干预试验”（Randomized Controlled Trial）方法和“类试验”（Quasi-Experiment）方法。对于公共物品的影响评估由于很难满足随机干预试验的条件，因而大部分的研究都采用了类试验方法。

在国内应用类试验方法开展实证研究的文献中，主要关注的领域是教育和健康。雷晓燕等（2010）用中断回归的方法考察了退休制度对人们健康的影响，研究发现，在正常退休年龄退休对男性健康有显著的负面影响，对女性则没有影响，而提前退休对男性和女性的健康都没有影响。岳爱等（2013）使用倾向值匹配方法分析了新型农村社会养老保险对家庭日常费用支出的影响，发现参保农户的日常家庭费用支出显著高于未参保人群。程令国等（2013）使用倾向值和倍差分析方法分析了参加新型农村养老保险对于农村居民养老模式的影响，结果发现新农保的实施提高了参保老人的对立性，降低了老人对子女的依赖。

对农村公共物品投资项目的研究，Park 和 Wang（2010）采用了倾向值匹配分析方法分析了世界银行对中国的贫困援助项目实施的 3 年间，农村贫困人口的收入、消费、就业等方面的变化。谢旭轩等（2011）评估了“退耕还林”政策对农户收入的影响。郭君平和吴国宝（2013）则利用 3 个贫困村的跟踪数据，评估了社区综合发展减贫的方式对农户收入的影响。目前，尚没有发现利用影响评估方法研究基础设施改善对农民影响的文章。

本章小结

关于公共物品投资的研究非常丰富，但从文献的综述中可以发现，有关中国农村公共物品投资的研究主要存在以下不足：

（1）大部分文献对于公共投资的研究是基于宏观统计数据，主要集中于县、市、省与国家层面的数据分析，只有小部分的研究分析了村级层面的公共投资。考虑到村级层面也有不少公共投资的事实，还需要更多的包含村级层面投资分析的研究，才能得到更加可靠的结论。

（2）现有利用微观调查数据对农村公共投资进行分析的文献大多只是利用一次调查数据来分析结果，缺少对农村公共投资进行长时段多地区的分析。另外，相关研究很少涉及国家设施新农村建设政策后的农村投资情况，缺少跨越几个政策设施阶段的连续分析。

（3）对公共物品的研究多从投资数量和金额方面考虑，很少研究涉及投资的效果即公共基础设施和服务的质量方面。原因是缺乏对基础设施质量有效度量的数据。基础设施及公共服务的质量与农户满意程度息息相关，需要从公共物品质量角度分析公共投资状况，为今后公共投资的方向提供相应的参考意见。

（4）影响评估已经成为发展类项目或政策设计和执行的重要部分。但国内对于政策影响评估的研究还比较少。现有的研究多基于教育、医疗保险等领域，对农村基础设施的影响评估尚不多见。

第三章　研究框架、研究方法和数据来源

根据第二章的文献综述并结合我国农村公共物品投资的具体情况，本章主要介绍本书的研究框架、研究方法和数据来源。研究框架展示本书的研究思路和结构。研究方法包括研究内容相对应的模型设定，模型中各个变量的选择和含义，以及采用的估计模型的方法。最后详细介绍本书的数据来源。

第一节　研究框架

根据研究目的和内容，本书设计了以下的研究框架。首先，以村庄层面公共物品投资数据为基础，详细描述农村公共物品投资的总量、结构、来源随时间变化趋势和不同区域的分布状况。其次，研究农村公共物品投资数量和规模的决定因素，并从农村公共物品的质量和农户对公共物品的满意程度两方面探讨公共物品投资的效果。再次，分析农村公共物品对农民的生活带来的影响。本书主要探究公共物品特征、村庄特征和农户特征三方面因素对农村公共物品质量、农户对公共物品的满意程度以及农户经济活动的影响。最后，在深入了解农村公共物品投资状况、发展趋势、效果和影响后，提出适应城乡协调发展要求的可行的公共物品投资策略和政策建议。

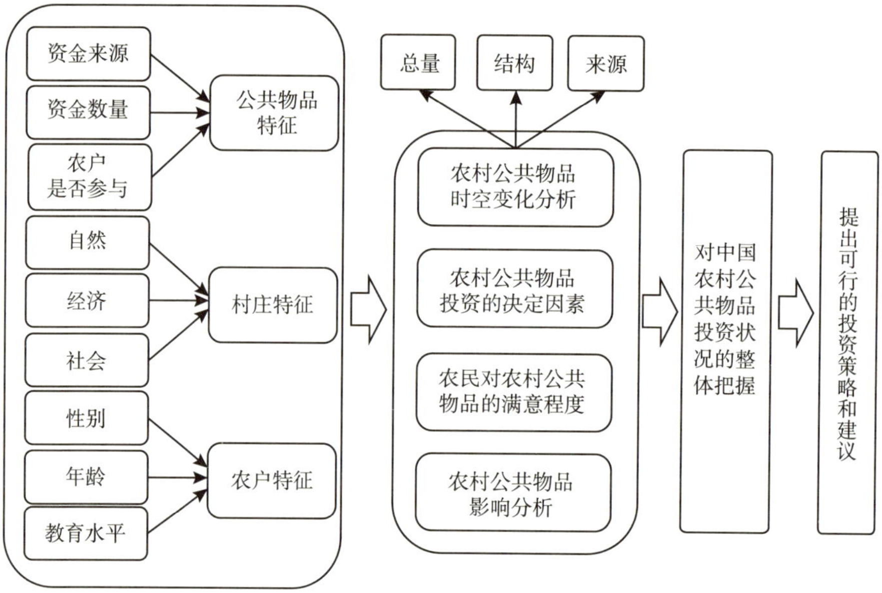

图 3-1　研究框架

第二节　研究方法

一、模型设定

本书使用了描述统计分析法和计量经济分析方法。描述统计分析方法主要应用于农村公共物品投资的总量、结构、来源的时空变化分析部分。计量经济分析方法主要用于公共物品投资数量和规模的决定因素、公共物品质量的决定因素、农户对公共物品的满意程度和农村公共物品影响分析部分。具体相关实证模型设定如下：

（一）公共物品投资数量和规模的决定因素分析

Y＝F（村自然条件、村经济发展水平、村人口和社会特征等）＋e

这里的被解释变量 Y 是连续变量。含义是样本期间样本村所有公共物品投资的项目数量和规模及由上级部门投资的公共物品项目数量和规模。解释变量中，村自然条件包括样本村到乡镇政府的距离、样本村到最近水泥路的距离、样本村最远两个村民小组的距离等。村经济发展水平包括样本村人均收入、村集体企业个数、村自营工商业农户比例、人均耕地面积和有效灌溉耕地面积比例等。村人口和社会特征包括村总人口数、少数民族人口比例、外出打工劳动力比例、本村出去在乡镇和县级以上政府工作的人数等。

（二）公共物品投资质量的决定因素分析

Y＝F（公共物品投资规模、已建公共物品情况、村庄特征、公共物品特征）+e

这里的被解释变量 Y 是村庄道路的质量评估得分。解释变量中公共物品投资规模使用的是样本期间内村庄道路项目的总投资金额。已有公共物品情况主要包括村庄已经修建的各类道路里程和类型。村庄特征包括村庄山地面积、最远两个村民小组距离、村委会到最近的水泥路距离和村委会到乡镇政府距离。项目特征包括项目是否由上级投资、是否由上级监督、是否由村庄实施等。

上述两个模型存在的内生性问题都通过面板数据方法处理，面板数据方法在后文详细介绍。

（三）农户对公共物品满意程度的决定因素分析

Y＝F（公共物品投资项目特征、农户集资金额、农户特征）+e

这里的被解释变量 Y 是一个二元变量，其含义是农户对道路项目是否满意（1＝满意，0＝不满意）。解释变量中公共项目特征包括项目总投资金额、完全来自上级政府的投资金额。本模型主要关注农户的集资金额是考虑村民的集资是否会导致村民对项目的满意程度下降。农户特征包括农户户主的性别、年龄和教育程度。另外，模型中加入了“地区虚拟变量”来控制众多不可观测的因素影响。

该模型将使用离散选择模型估计方法，并利用面板数据方法处理模型的内生性问题。离散选择模型将在下节中介绍。

（四）农村公共物品影响分析

Y=F(是否修建道路项目、村民特征、农户特征、村庄特征)+e

这里的被解释变量Y是村民非农就业月平均工作时间，将分别看男性和女性村民的情况。村民特征包括村民年龄和教育程度。农户特征包括了房屋价值，家庭人口数、家庭土地面积。村庄特征包括了村庄有效灌溉土地面积比例、村外出打工人员数、村委会到最近水泥路距离和村委会到乡镇距离。

模型将使用“倍差分析”（Difference in Difference）和“倾向值”（Propensity Score）匹配方法处理内生性问题。这种方法将在后文介绍。

二、模型的估计与内生性问题

对于已经设定好的模型，下一个面临的问题是如何进行估计。依据Wooldridge（2010）的介绍，对于如下的简单线性模型：

$$y=\beta_0+\beta_1 x_1+\beta_2 x_2+\cdots+\beta_k x_k+u \tag{3-1}$$

在满足高斯马尔科夫定理的前提下，使用普通最小二乘法估计。但在实证研究中，经常遇到的情况是高斯马尔科夫定理的假定条件之一 $E(x'u)=0$ 无法满足。这就使模型存在内生性问题。产生内生性问题的原因主要来自：①遗漏了重要变量；②测量误差；③联立因果问题。而这三种情况最经常碰到的是遗漏了重要变量，原因是该变量无法观察或无法得到。用模型形式表示如下：

$$y=\beta_0+\beta_1 x_1+\beta_2 x_2+\cdots+\beta_k x_k+\gamma q+v \tag{3-2}$$

式中，q为遗漏的相关变量，如果q和某一个变量x之间存在相关性，也就是

$$q=\delta_0+\delta_1 x_1+\delta_2 x_2+\cdots+\delta_k x_k+e \tag{3-3}$$

则将式（3-3）代入式（3-2）可得：

$$y=(\beta_0+\gamma\delta_0)+(\beta_1+\gamma\delta_1)x_1+(\beta_2+\gamma\delta_2)x_2+\cdots+(\beta_k+\delta_k\gamma)x_k+v+\gamma e \tag{3-4}$$

从式（3-4）可以看出，如果存在遗漏重要变量的问题，使用最小二乘法估计，所得到的结果将是有偏的。

三、内生性的解决方案

内生性问题解决方法之一是使用工具变量方法，但实践中经常面临的问题是难以找到有效的工具变量。另一个经常用到的解决方法是面板数据模型。面板数据模型的优势是拥有同一观测个体多期的观测值，从而可以将随时间不变的因素控制起来，得到相对可靠的估计。面板数据模型具体形式如下：

$$y_{it}=\beta x_{it}+a_i+u_{it}, t=1,2,\cdots,T \tag{3-5}$$

式中，i 是个体观察值，t 是观察的时期。a_i 是随时间不变但是观察不到的影响因素。面板数据模型提供了两种处理 a_i 的办法。第一种是采用固定效应模型。该模型将方程在时间期内取平均，得到：

$$\bar{y}_i=\beta\bar{x}_i+\alpha_i+\bar{u}_i \tag{3-6}$$

式中，$\bar{y}_i=T^{-1}\sum_{t=1}^{T}y_{it}$，从式（3-6）减去式（3-5）得到，$y_{it}-\bar{y}_i=\beta\ (x_{it}-\bar{x}_i)\ +\ (u_{it}-\bar{u}_i)$，即

$$\tilde{y}_{it}=\beta\tilde{x}_{it}+\tilde{u}_{it}, t=1,2,\cdots,T \tag{3-7}$$

式中，$\tilde{y}_{it}=y_{it}-\bar{y}$，$\tilde{x}_{it}=x_{it}-\bar{x}_i$，$\tilde{u}_{it}=u_{it}-\bar{u}_i$。这样达到了处理 a_i 的目的，再用最小二乘估计就可以得到需要的结果。但是固定效应把诸如性别这类不随时间变动的因素去掉了，因而无法估计这些变量的影响。

随机效应模型的优点是考虑了不随时间变化的解释变量的影响。但是要有一个前提条件即假定 a_i 和 x_{it}不相关。随机效应模型仍然是通过求 a_i 样本期间的平均值处理掉其影响，但这个过程需要赋权，具体形式如下：

$$y_{it}=\beta x_{it}+a_i+u_{it}, t=1,2,\cdots,T \tag{3-8}$$

取加权平均得到：

$$y_{it}-\lambda\bar{y}_i=\beta(x_{it}-\lambda\bar{x}_i)+(v_{it}-\lambda\bar{v}_{it}), t=1,2,\cdots,T \tag{3-9}$$

式中，$\bar{y}_i=T^{-1}\sum_{t=1}^{T}y_{it}$，$v_{it}=a_i+u_{it}$，$\lambda=1-[\mathrm{var}(u_{it})/(\mathrm{var}(u_{it})+T\mathrm{var}(\alpha_i))]^{1/2}$，再采用广义最小二乘估计就可以得到需要的系数。实际应用中是使用固定效应还是随机效应模型主要考虑的是模型设定中假定 a_i 和 x_{it}是否相关，另外考虑

是否有随时间不变的因素需要估计。

倍差分析（Difference in Difference）方法的应用是在面板数据的基础之上，其目的是分析一个干预项目的实施是否有影响。该方法主要是用差分的方法去掉不随时间变化的因素的影响（第一个 Difference）。倍差分析中第二个差分（Difference）就是比较有项目实施的人群和没有项目实施的人群的差异。

假设有一个项目，一些人受到项目影响（干预组），另一些人没受到项目影响（控制组），用一个虚拟变量 W 表示，W=1 表示受到项目影响，同时有两个时期，项目实施前和项目实施后，用虚拟变量 T 表示，T=1 表示项目实施后，Y 表示因变量，X 表示其他自变量，则倍差分析 did 可表示为：

$$[E(Y|X,W=1,T=1)-E(Y|X,W=1,T=0)]-[E(Y|X,W=0,T=1)-E(Y|X,W=0,T=0)] \tag{3-10}$$

表 3-1　倍差分析示例

	T=1	T=0	时期之差	
干预组	A	B	A-B	
控制组	C	D	C-D	
				did=（A-B）-（C-D）

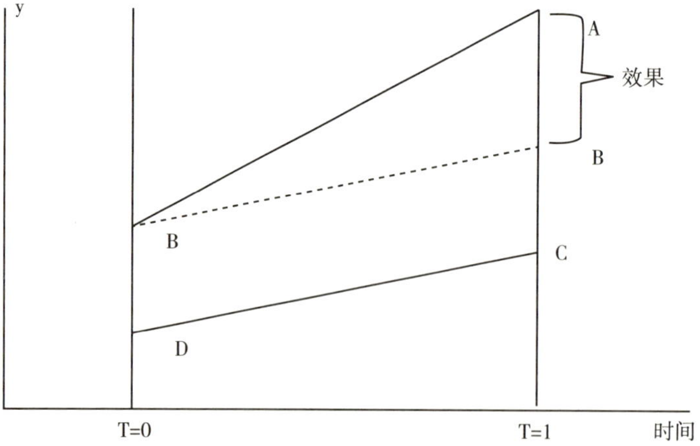

图 3-2　倍差分析示例图

倍差分析方法有两个假设，第一是假设在没有项目的情况下，不可观察的差异（Unobserved Differences）不会随着时间而改变。换句话说，干预组和控制组之间有共同趋势。第二个假设在实施项目以前，干预组和控制组具有相近特征。这一方法正是利用了面板数据的特点，得以获得项目影响的因果关系。但是如何匹配干预组和控制组在实践中比较困难。

倾向值（Propensity Score）匹配提供了处理这个问题的一个方法。这个方法的思想是通过控制其他相关自变量，从而达到匹配干预组和控制组的目的。具体来说，其他相关自变量用 X 表示，倾向值是基于这些相关自变量之上的参与干预项目组的概率。

$$P(X)=Pr(T=1|X) \tag{3-11}$$

已经有文献证明基于倾向值 P(X) 匹配干预组和控制组与基于相关自变量 X 效果一样好（Rosenbaum and Rubin，1983）。要利用倾向值得到参与项目的影响，还必须满足两个前提条件：①条件独立性（Conditional Independence）假定；②共同支撑（Common Support）假定。

条件独立假定要求结果 Y 不受个体参加干预组或控制组的影响，相关因素 X 不影响是否参与干预组。用 Y_i^T 表示参加干预组的结果，用 Y_i^C 表示参加控制组的结果，条件独立性假设可以表示为：

$$(Y_i^T, Y_i^C) \perp T_i | X_i \tag{3-12}$$

共同支撑假定保证了干预组的个体一定有倾向值相近的控组的个体相匹配。这一假定用公式表达是：

$$0<P(T_i=1|X_i)<1 \tag{3-13}$$

在这两个条件的保证下，利用倾向值就可以得到干预组和控制组结果差异的一致估计。公式如下：

$$Y=E_{P(X)|T=1}\{E[Y^T|T=1,P(X)]-E[Y^C|T=0,P(X)]\} \tag{3-14}$$

四、离散选择模型

实证研究中经常遇到模型的被解释变量不是连续变量的情况。如在模型设定中遇到农户的满意程度是个二元变量。这时传统的线性回归模型将不太适用。通常的做法是使用离散选择模型。最常见的三类模型是 Probit、Logit 和 Tobit 模型，依据 Wooldridge（2010）的描述，离散选择模型主要关注响应概率，表示如下：

$$P(y=1|X)=P(y=1|x_1,x_2,\cdots,x_k) \tag{3-15}$$

式中，X 是解释变量。不同类型的离散选择模型可以表示如下：

$$P(y=1|X)=G(\beta_0+\beta_1x_1+\cdots+\beta_kx_k)=G(x\beta) \tag{3-16}$$

如果选取的函数：

$$G(z)=\exp(z)/[1+\exp(z)]=\Lambda(z) \tag{3-17}$$

那么这一模型将变为 Logit 模型。

如果选取的函数：

$$G(z)=\Phi(z)\equiv\int_{-?}^{z}\phi(v)dv \tag{3-18}$$

式中，$\phi(z)=(2\pi)^{-1/2}\exp(-z^2/2)$是标准正态分布函数，那么这一模型将变为 Probit 模型。对于这一类模型，可以使用最大似然法进行估计，由于给定 X_i 的情况下，y_i 的密度函数可写为：

$$f(y|X_i;\beta)=[G(X_i\beta)]^y[1-G(X_i\beta)]^{1-y},\ y=0,1 \tag{3-19}$$

两边取对数，可以得出第 i 个观测值的对数似然函数为：

$$l_i(\beta)=y_i\log[G(X_i\beta)]+(1-y_i)[1-G(X_i\beta)] \tag{3-20}$$

对于样本量为 n 的数据，对数似然函数为每个似然函数的和 $L(\beta)=\sum_{i=1}^{n}l_i(\beta)$，参数 β 的最大似然估计值就是从最大化上述似然函数得到。

另外一个实证分析中常遇到的情况是，被解释变量是截取或断尾的情况。即被解释变量在一不可忽视部分取值是 0，而在取正值部分是连续的情况。这种情况用普通的最小二乘估计将导致系数估计的不一致。这种情况通常采用 Tobit 模型进行分析，Tobit 模型表示如下：

$$y_i^*=x_i\beta+u_i,\ u_i|x_i\sim Normal(0,\sigma^2) \tag{3-21}$$

$$y_i=\max(0,y_i^*) \tag{3-22}$$

式中，y_i^* 表示当 $y_i^*\geq0$ 时，$y_i=y_i^*$；当 $y_i^*<0$ 时，$y_i=0$。则在这种情况下，对方程求期望得到：

$$E(y|x)=P(y=0|x)*0+P(y>0|x)*E(y|x,y>0)=P(y>0|x)*E(y|x,y>0) \quad (3-23)$$

而且：

$$P(y^*>0|x)=P(u>-x\beta|x)=\Phi(x\beta/\sigma) \quad (3-24)$$

进一步推导可得出：

$$E(y|x,y>0)=x\beta+E(u|u>-x\beta)=x\beta+\sigma\frac{\phi(x\beta/\sigma)}{\Phi(x\beta/\sigma)} \quad (3-25)$$

和

$$E(y|x)=(x\beta+E(u|u>-x\beta))*\Phi(x\beta/\sigma)=\Phi(x\beta/\sigma)*x\beta+\sigma\phi(x\beta/\sigma) \quad (3-26)$$

因此用普通最小二乘法估计将会产生严重的问题。如果使用 $y_i>0$ 的子样本估计，那么根据式（3-26），我们可得到：

$$y_i=x_i\beta+\sigma\lambda(x_i\beta/\sigma)+e_iE(e_i|x_i,y_i>0)=0 \quad (3-27)$$

因此使用普通最小二乘估计 $y_i=x_i\beta+e_i$ 将产生不一致的估计结果。

如果使用全部样本，根据式（3-27），$E(y|x)$是 x、β 和 σ 的非线性函数，使用普通最小二乘估计仍然不会得到一致的估计结果。

对于上述模型需要使用最大似然法进行估计，由于 $y_i^*|x_i \sim Normal(x_i\beta, \sigma^2)$，因此似然函数可以表示为：

$$f(y_i|x)=\{1-\Phi(x_i\beta/\sigma)\}^{1[y_i=0]}\{(1/\sigma)\phi[(y_i-x_i\beta)/\sigma]\}^{1[y_i>0]} \quad (3-28)$$

进一步可以得到对数似然函数和总体参数的最大似然估计。本书的实证模型主要采用以上介绍的模型和估计方法。

第三节 数据来源

在确定本书的目标之后，作者的导师及其他相关人员（包括作者本人）对整个调查过程做了精心的准备，主要包括大量的预调查、调查表的设计和修改以及调查人员的培训等。本节首先介绍样本的选取，然后介绍调查的主要内容。

一、样本村选取

本书的基础调查是基于2003年的调查数据，该数据的样本从全国随机抽取，整个选取过程采用分层逐级抽样和随机抽样相结合的办法。具体过程如下：首先，考虑到北京、上海和天津因为大部分已经发展为城市，因此不在这些地区选取样本。排除了这几个城市后，将全国按农业生产条件和经济发展水平分为东部沿海发达区域（江苏、浙江、山东、福建和广东）；西南地区的省份（四川、重庆、贵州、云南、西藏和广西）；西北黄土高原地区（山西、陕西、内蒙古、甘肃、青海、宁夏和新疆）；北部和中部省份（河北、河南、安徽、湖北、湖南和江西）；东北地区（辽宁、吉林和黑龙江）。虽然本书的分类和标准的农业生态区不完全一致，但抽样结果表明，这一分类也有其合理性，基本起到代表全国的作用。

在以上5个大区中，根据各个省的经济发展水平从高到低排序，随机地从以上大区中抽取6个省份作为本书的样本省。在反映各省经济发展水平的指标选取上，根据Rozelle（1996）的研究结论，人均工业总产值是最好的关于生活标准和发展潜力的预测值，同时这一指标相对于农村人均纯收入等指标而言，可信度更高，因此排序时选取人均工业总产值作为排序的标准。

根据以上程序，选取江苏、吉林、陕西、四川和河北作为本书的样本省，在选取好样本省份后，根据样本省份人均工业总产值的大小将样本省份的各个县进行排序。排好序后，将每个省所有县平均等分为五组（最富有的20%的县为第一组，第二富有的20%的县为第二组，依此类推），每组随机抽取1个县作为样本县，这样每个省随机抽取5个县作为本书的样本县，共选取了25个县。在每个样本县中，同样按照以上方法，先将每个县的各个乡镇按人均工业总产值排序，然后等分为2组，在每个组里随机抽取一个乡镇作为样本乡镇，每个县抽取2个乡镇，共计50个乡镇。最后，采用同样的方法从每个乡镇中随机选取两个村作为样本村，共计 101 个样本村①。

我们在 2005 年、2008 年和 2012 年又进行了三轮跟踪调查。这三次调查都是以 2003 年调查的所有村作为调查对象。不同的区别是，2003 年只调查了样本村在村庄层面的基本信息。2005 年在跟踪调查了 101 个村庄信息的基础上，在农户层面访问了 808 个农户家庭，抽样方法是从村干部处获得全村每户的名单，随机抽取 8 户农户作为访谈对象，收集农户家庭层面相关信息。2008 年在回访 101 个样本村村庄信息和 800 个农户的家庭信息基础上，再利用样本村每户的名单随机抽取 12 户作为调查对象，总共收集 2020 个农户的信息。2012 年调查时回访了 101 个村和 2020 个农户，收集了最新的相关信息。当出现样本农户因为各种原因不能访问时，再次利用样本村每户的名单补齐需要的样本数量。

图 3-3　农村公共物品投资调查样本省分布示意图

① 首轮调查时，吉林省一个村恰巧分成了两个村，从而将两个村的信息一并收集了，因此整个样本村个数是 101 个。

整个调查收集了 101 个样本村 1997~2011 年村基本情况的数据。808 个农户 2004 年家庭情况的数据，2020 个农户 2005~2011 年家庭情况的数据。每个调查年度样本损耗情况在后面的章节中有详细说明。

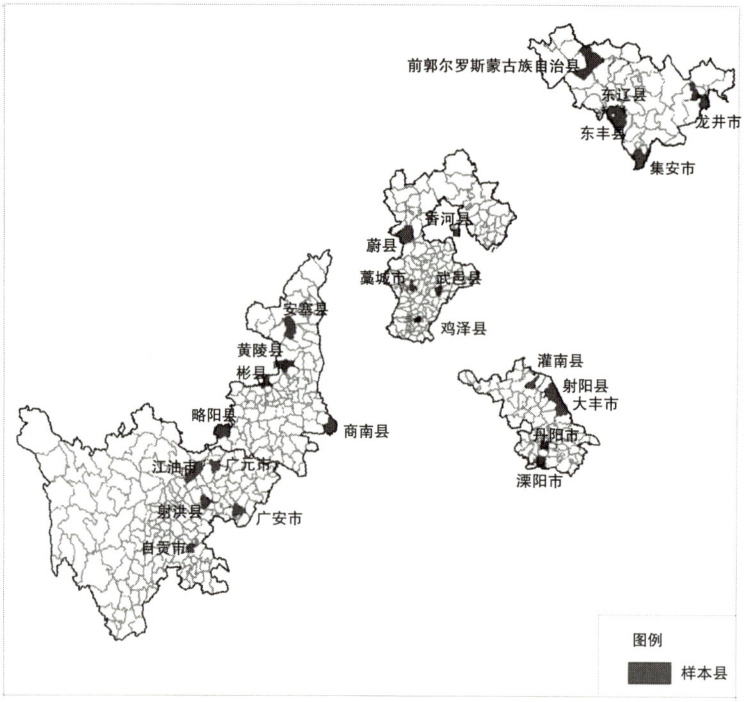

图 3-4 农村公共物品投资调查样本县分布示意图

二、调查的主要内容

为了完成本书的目标，调查内容共分为如下几个主要部分：

第一部分是县新型农村合作医疗（新农合）与新型农村养老保险（新农保）的开展情况以及乡镇基本情况。包括新农合与新农保参与和实施情况，乡镇人口、财政、土地、建设与乡镇卫生院基本服务情况。

第二部分是村基本情况，包括村人口、村人均收入水平、村里耕地和土地情况、村里劳动力及其就业状况、村里公共服务现状、村里工商业发展水平、村里的一些重要的社会关系和村里的基本财务情况等。

第三部分调查收集了村里所实施的公共物品投资项目情况，包括项目类型、项目实施的目的、项目开始和结束的时间、项目的投资金额以及来源、项目的组织实施单位等信息。此部分信息主要用来构建本书的相关变量，也就是本书需要解释“为什么有些村实施了这类公共项目，而其他村没有”、“为什么有些村实施的公共物品投资项目多，而其他一些村较少”、“为什么有些村获得上级的投资多”、“为什么有些村多由村庄自己投资”等问题。

第四部分收集了样本村农户的基本信息，包括农户家庭人口基本情况、土地基本情况、家庭财产与就业情况以及对农村公共物品与公共服务的评价。此部分信息主要是用来构建本书的部分变量。以上调查内容相互构成一个有机的整体，提供的信息基本上满足了本书的需要。在收集了本书必要的数据后，我们请专业数据的录入团队进行了数据录入工作，而后包括作者在内的十几位项目研究人员花费了几个月的时间对数据进行清理，以保证所用数据的可靠性。这些工作包括录入数据的检查、对异常值的处理等。如果遇到异常值，通常是通过打电话的形式做进一步核实。以上步骤是实证研究中必不可少的，特别是对于调查数据而言。在本书的附录中详细介绍了调查内容，也就是正式的调查表。

第四章 农村公共物品投资动态变迁

第一节 引 言

改革开放以来，我国经济取得了举世瞩目的成就，但在城乡协调发展的问题上仍然面临巨大挑战。世界银行的报告指出，中国是“二战”后保持经济高速增长的13个经济体之一（World Bank，2008）。我国人均收入快速增加，从1979年的人均182美元增长到2012年的6100美元（林毅夫，2013）。30年来贫困人口减少了2亿多（陈宗胜等，2013），过去25年全球脱贫事业成就的67%来自中国（人民网，2008）。虽然改革开放后我国在提高人民收入和消除贫困方面成效显著，但截至2011年，仍有1.2亿人口生活在贫困线下（2300元/人/年），这些贫困人口绝大多数居住在农村（国家统计局，2012）。我国城乡居民收入差距自1998年后开始逐步扩大（王少平、欧阳志刚，2008），2002年以后城乡人均收入比一直维持在3∶1的高位（国家统计局，2012）。有学者呼吁，为了统筹城乡发展，在2020年实现全面小康社会的目标，有必要进一步加快农村的发展（林毅夫，2006）。

要促进农村发展，一个重要的基础是加大农村公共物品投资力度，提高农村公共服务提供水平。世界银行发展报告（2004）指出，政府积极行动为贫困农村地区居民提供基础公共服务可以让更多的穷人受益，从而促进农村的发展。Calderon和Serven（2004）的研究证明，加大对落后地区的公共物品投资可以显著缩小其与发达地区的收入差距。已完成经济转型的国家的经验表明，国家投资策略在工业化和城市化进行到一定阶段后应该有一个重大转折，需要将农村公共物品投资放在优先考虑的位置（Timmer，1998）。

在充分认识到农村公共服务的提供对农村发展的重要性之后，我国出台了一系列政策以加大农村公共物品投资力度。1999 年，我国开始实施加强农村道路、电力、通信和生活用水等方面公共物品投资的农村“村村通”工程（田聪明，1999）。2002 年国家开始实施农村税费改革政策，进一步加大了农村“六小”工程投入力度，该项目涵盖了乡村道路、节水灌溉、农村水电等多个方面（谢登科，2003）。2006 年社会主义新农村建设开始后，农村公共投入力度显著增加，开展了农村道路建设“五年千亿元”项目（交通部网站，2006），农村饮水安全应急工程（水利部网站，2013），小型农田水利重点县建设等项目（政府网，2009）使农村公共基础设施建设进入了一个新阶段。

对于我国农村公共物品投资面临的问题及其对农村发展的影响，国内学者也开展了大量研究，并取得了很多重要的成果，然而由于数据可获得性方面的困难，这些研究还存在一些局限。Fan 等（2004）利用省级数据，估计了各类公共物品投资对经济增长和减少贫困的影响。沈坤荣和张璟（2007）使用宏观层面数据比较了中国和部分发达国家公共物品投资结构的差异。上述宏观层面的数据分析对农村公共物品投资有很好的借鉴作用，但由于宏观层面投资数据没有包括村集体对农村公共物品投资的贡献，因此难以全面把握农村公共物品投资的总体情况。虽然也有部分学者使用微观调查数据开展一些研究（赵宇、姜海臣，2007；李琴等，2009），但样本仅限于个别地区，很难得出有全国代表性的结论。仅有少数研究利用了有全国代表性的微观抽样调查数据分析我国农村公共物品投资的现状和特征（Zhang 等，2006；林万龙，2007；罗仁福等，2008），但这些研究都是 2008 年以前开展的，并不能反映近几年我国农村公共物品投资的变化趋势。

本章利用长期跟踪调查数据，结合国家农村公共物品投资重要政策节点，在描述我国农村 1998~2011 年村级公共物品投资的总体结构和时空变迁的基础上，分析我国农村公共物品投资现状和存在的问题，为提高农村公共服务提供水平、统筹城乡发展提出一些建议。

本书使用作者及其团队在2003~2012年四次对样本村开展实地跟踪调查所收集的101个样本村的数据。在四次调查中，不仅收集了村基本情况等信息，还收集了村公共物品投资项目的情况。每一轮次调查均对上一轮次所收集的信息进行了重新确认，主要变量来自附录中村表1、村表3。

第二节 农村公共物品投资总体结构和规模

2004~2013年中央连续十年发布以“三农”（农业、农村、农民）为主题的中央一号文件，强调了“三农”问题在中国的社会主义现代化时期“重中之重”的地位。相应的财政对农业的支持力度也在不断变化。图4-1是国家财政历年农业支出数量，图4-2是国家财政历年农业支出所占比重。根据胡东兰等（2013）的研究，采用GDP平减指数作为调整，得到去除价格因素的财政支农支出。

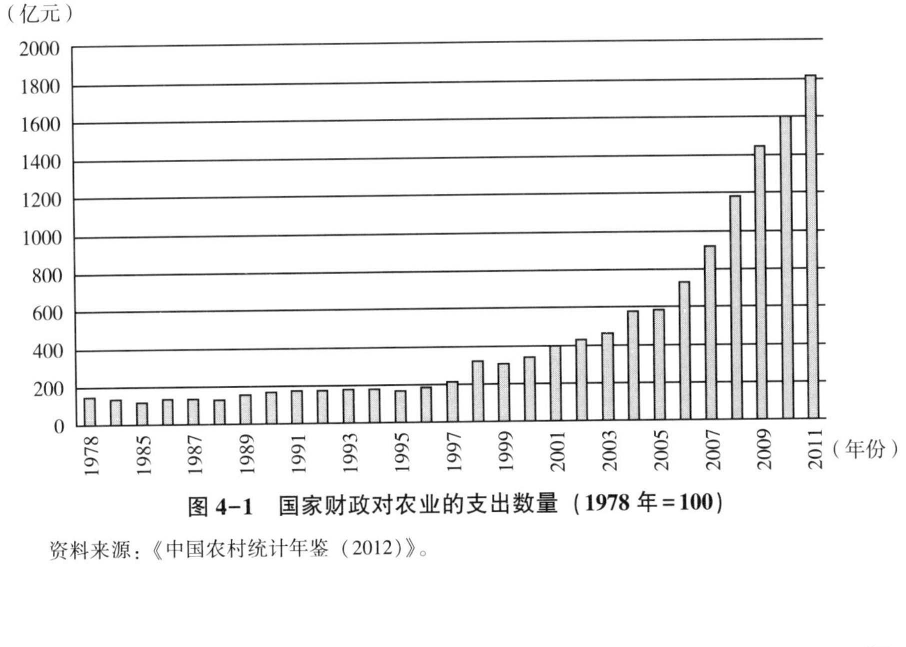

图4-1 国家财政对农业的支出数量（1978年=100）

资料来源：《中国农村统计年鉴（2012）》。

从国家财政对农业支出的总量上看，呈逐年上升的趋势，但与快速上涨的支出总额不同，国家财政对农业的支出占财政支出的比重从 90 年代开始逐渐下降，到 2003 年降到最低，到近些年有所上升，维持在 9.5%左右。

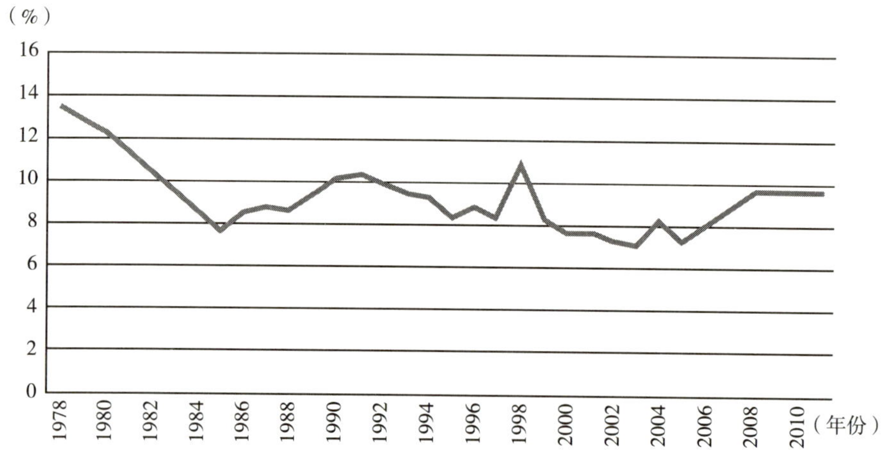

图 4-2　国家财政对农业的支出占财政支出的比重

资料来源：《中国农村统计年鉴（2012）》。

本书的调查数据也反映了农村公共物品投资不断增加的事实。自 1998 年以来，我国农村公共物品投资力度持续增大，公共物品投资项目数量明显高于部分发展中国家。1998~2011 年，101 个样本村共实施了 2124 个公共物品投资项目，相当于每个样本村每年大约有 1.5 个新的公共物品投资项目实施。其中，20%的样本村在样本期间平均每年有 2 个及以上的公共物品投资项目，而平均每年仅有不到 1 个公共物品投资项目的样本村占比仅为 16%。根据 Khwaja（2009）的研究，巴基斯坦北部地区仅有不到 1/3 的村在过去十年里有一个或以上的公共物品投资项目。虽然我国农村公共物品投资项目数量比部分发展中国家多，但和日本、韩国等国家在相同发展阶段的投资规模相比，还存在一些差距（罗仁福等，2008）。

样本村公共物品投资项目涵盖了农民生产、生活和环境保护等诸多方面，公共项目投资类型高达 17 类，但农村公共物品投资项目主要集中于道路、灌溉和生活用水等重要公共服务领域，和上级政府公共物品投资方向一致。从调查数据看，投资策略较为合理，道路、灌溉和生活用水三项公共物品投资的项目数量占比接近50%。具体而言，道路项目的投资数量最多，101个样本村调查期间共有583个农村道路项目实施（见表4-1），在投资项目数量中占比超过1/4，101个样本村在14年间每年至少有1个新增道路投资项目。村级层面实施的道路项目数量不仅体现了调查期间农村地区确实在农村道路“村村通工程”方面做了大量的工作，而且在一定程度上反映了“要想富，先修路”这一以道路基础设施投资促发展的投资思路得到有效落实。灌溉和排水项目、生活用水项目这些对农民生产生活有重要影响的项目依然在投资中占有优先地位，80%左右的样本村在调查期间至少实施了一个灌溉和排水项目或生活用水项目。在调研期间共实施了222个灌溉和排水项目及178个生活用水项目，分别占同期样本村公共物品投资项目数的10.5%和8.4%。

表4-1　1998~2011年样本村公共物品投资项目数量分布

项目类型	项目（个）	项目占比（%）
修路和修桥	583	27.45
灌溉和排水	222	10.45
修梯田	13	0.61
土壤改良	16	0.75
生活用水	178	8.38
电力设施	188	8.85
广播电视线路	108	5.08
电话通信设施	80	3.77
修建学校	91	4.28
修建诊所	64	3.01
环境整治	80	3.77
生活垃圾处理	67	3.15
退耕还林	95	4.47
封山育林	61	2.87
生态林	30	1.41
小流域治理	44	2.07

续表

项目类型	项目（个）	项目占比（%）
文化活动场所	173	8.15
其他项目	31	1.46
总计	2124	100.00

资料来源：中国科学院农业政策研究中心调查。

在突出重点的同时，农村公共物品投资涵盖了其他影响农民生产和生活的众多方面。在农村公共物品投资项目中，对于提供教育和卫生服务的重要载体——农村学校和诊所也有涉及，65%的样本村在调研期间实施了修建学校项目，一半左右的样本村在调研期间实施了修建诊所项目。在环境改善方面，样本村共投资 377 个项目，涵盖村庄环境整治、生活垃圾处理、生态林建设、退耕还林、封山育林和小流域治理等多个方面。针对农民对文化生活的要求逐步提高的现实，样本村在调研期间实施了 173 个修建文化活动场所的项目，占比达到 8.2%。

值得注意的是，企业在农村公共物品投资方面做出了较大贡献。由企业参与的公共物品投资项目相对集中在电力、广播电视与通信服务改善方面，样本村在过去 14 年里共实施了 376 个相关投资项目，占农村公共物品投资项目数量的 15%。这说明在农村公共服务提供中，可以充分发挥企业的作用，采取政府主导、企业提供的方式改善农村公共服务提供，可以有效减轻政府在农村公共服务提供上的压力。

公共物品投资项目投资金额的分布特征与公共物品投资项目数量的分布特征基本一致（见表 4-2），体现了突出重点和广泛覆盖的特点。公共物品投资资金主要集中于道路、灌溉和生活用水三大传统基础设施方面。道路项目投资规模占比最大，超过 38%的农村公共物品投资资金用于农村道路项目建设，但对比韩国在 20 世纪 70 年代的经济起飞时期道路公共物品投资规模，我国道路投资规模仍稍显不足。根据朴振焕（2005）的研究，韩国在实行新农村运动（1971~1978 年）的 8 年时间里，每个农村平均道路改善 0.33 千米；根据本书的调查数据，在 1998~2011 年的 14 年里，样本村平均道路改善 0.35 千米，考虑到本书样本村的平均规模是韩国村庄规模的 6 倍还要多，农村道路还有很大的改善空间。在这传统三大基础设施投资范围内来说，用于灌溉排水和生活用水项目的投资金额仅为 12%，说明从资金投入看，农村灌溉排水和生活用水项目受重视程度远小于道路项目。

表 4-2　1998~2011 年样本村公共物品投资项目规模分布

项目类型	项目总金额（万元）	项目占比（%）
修路和修桥	18061.85	38.83
灌溉和排水	2852.38	6.13
修梯田	344.70	0.74
土壤改良	184.30	0.40
生活用水	2843.77	6.11
电力设施	3189.83	6.86
广播电视线路	1096.64	2.36
电话通信设施	948.63	2.04
修建学校	1997.25	4.29
修建诊所	349.70	0.75
环境整治	1588.18	3.41
生活垃圾处理	151.24	0.33
退耕还林	1105.53	2.38
封山育林	174.45	0.38
生态林	69.41	0.15
小流域治理	2643.70	5.68
文化活动场所	3649.95	7.85
其他项目	5257.95	11.31
总计	46509.45	100.00

资料来源：中国科学院农业政策研究中心调查①。

① 1998~2011 年 101 个村公共物品投资项目数量有 2124 个，但其中 161 个项目不知道总投资规模，因此，公共物品投资规模的样本数是 1963 个。

公共物品投资金额的分析进一步显示，企业确实在农村公共物品投资方面做出了较大贡献。主要由企业提供的电力、广播电视与通信项目投资金额占总投资金额的 11%。这说明可以充分利用不同类型农村公共服务提供的特点，引入相应主体参与公共服务提供可以有效减轻政府改善农村公共服务提供方面的资金压力。

虽然从投资金额看，我国农村公共物品投资的策略基本体现了突出重点和广泛覆盖的特征，但也存在一些需要注意的问题。作为提供教育和卫生服务的重要载体，农村学校和诊所修建的投资金额占比仅为 5%，这极有可能对农村村级教育和卫生服务的提供带来负面影响。除了上述道路、灌溉、生活用水、学校、诊所、电力通信、学校、诊所、环境等方面的项目外，文化活动场所项目和其他项目投资数量仅占不到 10%，但投入的资金占比竟接近 20%，进一步的分析表明这些项目主要是新房修建、村办公室建设等，虽然这类项目在部分地区确有必要，但将如此大规模的资金（远高于学校和诊所建设金额，仅略小于灌溉和生活用水投资金额）用于这类公共物品投资项目，值得引起注意。

第三节　农村公共物品投资的时序特征

为进一步分析近年来我国农村公共物品投资结构的变迁及其特征，有必要针对不同时间段开展进一步分析。调查期间，我国农村公共物品投资受两个政策的影响较大，分别是 2002 年推行的农村税费改革和 2006 年实施的社会主义新农村建设。为了反映这两次重大政策调整对农村公共物品投资的影响，本书将 1998~2012 年的调查时间分为三个时间段，分别是税费改革前期（1998~2001 年），税费改革时期（2002~2005 年）和新农村建设时期（2006~2011 年），分别分析三个时间段农村公共物品投资结构及变化特征。

调查数据显示，虽然我国现阶段农村投资力度没有日本、韩国等国家相同转型阶段投资力度大，但公共物品投资项目数量增加明显，农村公共物品投资策略逐步趋向合理（见图 4-3）。在农村税费改革前期，农村公共物品投资项目数量相对较少，平均每年每个村仅有 0. 86 个公共物品投资项目。但在税费改革时期（2002~2005 年），平均每年每个村新实施的公共物品投资项目达到 1. 75 个，比上一时期增加了一倍还要多。这说明国家在实施税费改革的过程中，配套设施的“六小”工程等公共物品投资项目确实对提高农村公共物品投资项目数量起到了重要作用。而在 2006 年开始实施新农村建设后（2006~2011 年），样本村年均公共物品投资项目数量基本维持不变，仅小幅增加到 1. 77 个。

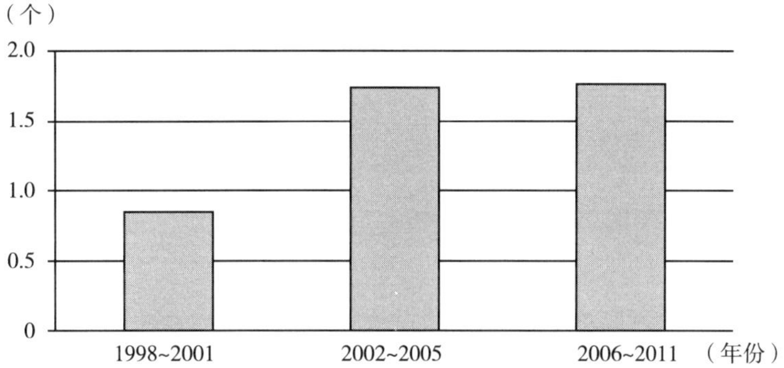

图 4-3 样本村公共物品投资数量年际变化

资料来源：中国科学院农业政策研究中心调查。

相对应的，农村公共物品投资金额在各个时期也存在较大差异，投资金额呈现显著增加的特点（见图 4-4）。税费改革前期平均每年每个村公共物品投资金额为 10. 5 万元。到了税费改革时期，伴随着公共物品投资项目数量的增加，公共物品投资金额也显著增加，平均每年每个村公共物品投资规模达到 24. 16 万元。在税费改革时期，公共物品投资项目数量和投资金额都实现了翻番，表明这一阶段农村公共物品投资主要是以新增项目数量为主，单个项目的投资规模增加不大。这一情况也符合我国该阶段主要实施“六小”工程时项目类型覆盖面广、投资小的特点，目的在于满足农村基本公共服务的需要。新农村建设开始后，虽然公共物品投资项目数量变化不大，但投资规模又翻了一番，平均每年每个村公共物品投资金额增加到 53. 64 万元。这种现象部分源于税费改革后取消了有偿用工和义务工，同时也反映了新农村建设开始后，我国农村公共物品投资的目标不仅聚焦于农村基本公共服务的可得性，还开始关注基本公共服务的质量。

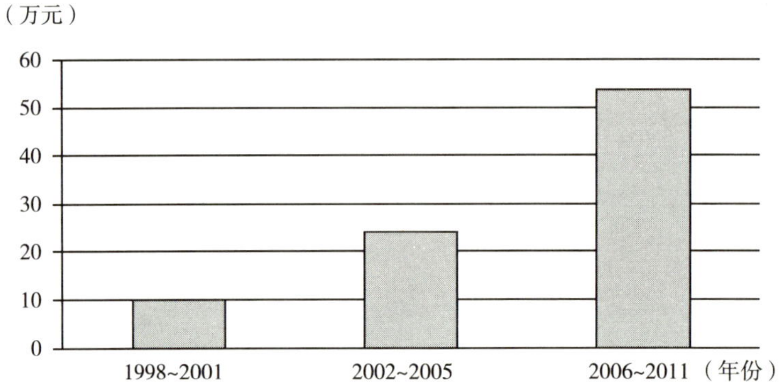

图 4-4　样本村公共物品投资规模年际变化

资料来源：中国科学院农业政策研究中心调查。

为进一步归纳不同类型公共物品投资项目的特点，更好反映农村公共物品投资项目的变动趋势，本书将 17 个类型的公共物品投资项目集中分为八大类。道路、灌溉和排水与生活用水项目是公共物品投资的重点领域，单独列出分析。其他 14 类项目分别归纳如下：电力和通信项目包括电力设施、广播电视线路和电话手机项目；村庄环境改善项目包括环境整治和生活垃圾处理；生态环境改善项目包括退耕还林、封山育林、生态林和小流域治理；其他类项目包括修建文化活动场所、修梯田、土壤改良项目与其他项目（主要是修建新房与改建厕所等项目）。

从不同时期农村公共物品投资项目数量看，不同类型公共物品投资项目的差异非常明显（见表 4-3）。道路投资项目数量在各个时期都是最主要投资项目，在快速增加后过渡到稳步增长阶段。在税费改革前期，每个样本村年均实施 0.16 个道路项目，在税费改革时期，道路项目数量快速增加至年均 0.44 个，到了新农村建设时期，年均道路投资项目数量稳定在 0.56 个的水平。灌溉和排水项目与生活用水项目数量也有所增加，但每一时期的增加幅度较小。灌溉和排水项目从税费改革前期的年均 0.12 个小幅增加至后来的 0.17 个。生活用水项目在三个时期年均投资项目数量分别为 0.12 个、0.14 个和 0.16 个，增幅较小。

表 4-3　公共物品投资项目投资数量年际变化（平均每村每年项目数）

单位：个

项目类型	1998~2001 年	2002~2005 年	2006~2011 年
道路	0.16	0.44	0.56
灌溉和排水	0.12	0.17	0.17
生活用水	0.06	0.14	0.16
电力和通信	0.26	0.32	0.25
学校和诊所	0.12	0.13	0.09
村庄环境改善	0.01	0.10	0.17
生态环境改善	0.11	0.34	0.08
其他类项目	0.02	0.11	0.30

资料来源：中国科学院农业政策研究中心调查。

农村电力和通信项目、学校和诊所项目与生态环境项目的数量经历了先增加再减少的过程。农村电力和通信项目从税费改革前期的年均 0.26 个，小幅增加到税费改革阶段的 0.32 个，并回落到新农村建设期间的年均 0.25 个。学校和诊所项目在税费改革前后差别不大，但新农村建设后减少为年均 0.09 个，作为提供教育和卫生公共服务的村级阵地，投资的减少值得警示。生态环境改善项目投资数量在税费改革时期快速增加后，到了新农村建设时期后回落也很快，在税费改革前，税费改革期间和新农村建设期间年均项目数量分别为 0.11 个、0.34 个和 0.08 个，在促进经济发展和农民收入提高过程中，需要进一步将生态文明建设落到实处。这一发现和 Liu 等（2011）的研究类似，虽然农户们很希望能改变逐渐恶化的生态环境，但新农村建设在这方面没有带来太多的改变。

新农村建设政策影响较大的领域是村庄环境与其他类项目的投资。根据新农村建设村容整洁的要求，村庄环境改善的投资数量增加很快，70%的村庄环境改善项目在这一时期完成建设。其他类项目的投资数量增加最快，新农村建设时期较税费改革前期增加了 15 倍。增加如此之快的原因是在新农村建设开始后大力提倡乡风文明，79%的村文化活动场所在新农村建设时期落成，新房修建、改建厕所等项目更是全部集中在这一时期。

样本村公共物品投资额度在不同时期的变动趋势与投资项目数量存在一定差异（见表 4-4）。样本村除学校和诊所项目外，其余类型项目的公共物品投资额度都有增加，但增加的力度存在差异。道路项目投资金额增加最为明显，从税费改革前期的年均 2.7 万元，增长到税费改革时期的年均 10.9 万元和新农村建设时期的 20.7 万元。灌溉和排水与生活用水项目虽然有所增加，但力度偏小，仅从年均 1 万元左右增长到 3 万元左右。电力和通信项目、村庄环境和生态环境类项目的投资金额在规模上虽然有所增加，但增加幅度也不大。

表 4-4　公共物品投资项目投资规模年际变化（平均每村每年项目金额）

单位：万元

项目类型	1998~2001 年	2002~2005 年	2006~2011 年
道路	2.70	10.93	20.72
灌溉和排水	0.97	1.25	3.23
生活用水	0.51	1.40	3.41
电力和通信	2.86	3.27	4.55
学校和诊所	1.34	2.19	1.52
村庄环境改善	0.04	1.65	1.74
生态环境类	1.97	1.87	4.02
其他类项目	0.11	1.59	14.43

资料来源：中国科学院农业政策研究中心调查。

样本村公共物品投资金额的变化显示，农村公共物品投资策略有进一步优化的空间。学校和诊所项目的投资金额在税费改革前期年均为 1.34 万元，在税费改革期间增加到 2.19 万元，到新农村建设期间下降为 1.52 万元。而同期其他类型的项目（主要是新建村办公室、新房建设等）在新农村建设时期投资金额快速增加，三个不同时期的年均投资金额为 0.11 万元、1.59 万元和

14.43 万元。其他类项目在新农村建设时期，投资规模仅次于道路项目投资规模，分别是同期灌溉排水和生活用水项目投资金额的 4 倍，是学校和诊所投资金额的 9 倍。

第四节　农村公共物品投资的结构特征

农村公共物品投资数量和规模在不同时期变化的同时，投资结构也在发生着深刻的改变。道路投资项目数量在税费改革前期仅占公共物品投资项目数量的 18%，到了新农村建设时期占到了总投资比重的 32%（见表 4-5），这种投资策略的变化很好地反映了相关研究中显示的道路投资对农村发展的重要作用（Fan 和 Chan-Kang，2005）。从项目数量看，灌溉和排水项目与生活用水项目数量虽然在不同时期有小幅变化，但基本稳定在 10%左右，在公共物品投资中仍然占有重要地位。

表 4-5　公共物品投资项目投资数量结构

单位：%

项目类型	1998~2001 年	2002~2005 年	2006~2011 年
道路	18	25	32
灌溉和排水	14	10	10
生活用水	7	8	9
电力和通信	30	18	14
学校和诊所	14	7	5
村庄环境改善	1	6	10
生态环境改善	13	20	4
其他类项目	3	6	16
总计	100	100	100

资料来源：中国科学院农业政策研究中心调查。

电力和通信项目，以及学校和诊所项目的投资趋势和道路投资的趋势正好相反。税费改革前期电力和通信项目数量占公共物品投资项目总数的30%，但在税费改革期间和新农村建设时期，占比则逐步下降至18%和14%。这种投资比重的下降可能反映了我国农村电力服务提供已经达到较高水平的事实。学校及诊所投资项目数量所占的比例逐年下降，从税费改革前期的14%，下降到税费改革时期和新农村建设时期的7%和5%。虽然这可能反映了农村小学调整合并等政策的影响和村诊所主要由个体经营这一事实，但考虑到学校和诊所是我国农村教育和卫生公共服务的重要载体，这种投资结构令人担忧。

与之相对应，村庄环境改善和其他类投资项目数量在公共物品投资项目数量中的比重增加最快。特别值得一提的是，其他类投资项目（主要是新建村办公室、新房建设等）数量占比从税费改革前期的3%，快速增加到税费改革时期和新农村建设时期的6%和16%。

根据调查数据，公共物品投资金额在结构上两极分化严重（见表4-6），对比国际上的相关研究可以看出，我国现阶段农村公共物品投资结构有必要做进一步调整。从投资金额的结构看，道路项目占总投资规模比重达到39%，其他类项目占比达到27%，两项投资占了总投资的将近2/3。其他类项目（主要是村文化活动场所、新房建设等）投资金额占比过高，比灌溉排水、生活用水，学校和诊所等项目的投资总额还高，亟待调整。除道路外的灌溉和排水、生活用水、电力通信等基础设施项目的投资多年来投资占比都不高，甚至出现下降的趋势。学校和诊所项目投资金额占比一直在减少，在新农村建设时期是投资最少的项目类型。根据Fan（2008）的研究，增加农村基础设施投资是有效促进经济增长和消除贫困人口的途径，而削减教育方面的支出是不利于经济增长和消除贫困的。另外，林毅夫（2012）研究表明，要想让基础设施投资拉动经济的影响最大，需要通过加大人力资本投资进行配合。而我国当前这种投资结构，可能会严重影响到农村劳动力人力资本的形成，进而影响到我国经济的长期发展。

表 4-6　公共物品投资项目投资规模结构

单位：%

项目类型	1998~2001 年	2002~2005 年	2006~2011 年
道路	26	45	39
灌溉和排水	9	5	6
生活用水	5	6	6
电力和通信	27	13	8
学校和诊所	13	9	3
村庄环境改善	0	7	3
生态环境类	19	8	8
其他类项目	1	7	27
总计	100	100	100

资料来源：中国科学院农业政策研究中心调查。

第五节　公共物品投资区域间对比分析

如前所述，中国农村公共物品投资在总量和结构上有很大的变化，本节进一步对比东部发达省份和西部省份的变动趋势，以增加对农村公共物品投资总体差异变动的了解。东部发达省份选择江苏省、西部省份选择陕西省，下面对比这两个省份样本村之间的差异变动。

根据税费改革和新农村建设两个重大决策时点，分不同时段考察公共物品投资的变动情况。具体从表 4-7 可以发现，两省份在投资农村公共物品项目上的趋势有所不同。从整个样本期间看，陕西省样本村在投资数量和投资金额上都是最多的，平均每村每年 1.82 个项目和 51.51 万元的投资规模远高于平均每村每年 1.5 个项目和 32.71 万元的五省平均水平。江苏省样本村的平均每村每年 1.59 个项目数量略高于五省平均水平，但平均每村每年 30.95 万元的投资规模则低于五省平均水平。由此可见，西部大开发政策实施后，国家对西部省份投资力度的增大。

表 4-7　样本期间各省公共物品投资情况

	项目总数量	平均每村项目数量	平均每村每年项目数量	项目总投资（万元）	平均每村项目投资金额（万元）	平均每村每年项目投资金额（万元）
样本期间（1998~2011 年）						
1. 全样本	2124	21.03	1.50	46250.45	457.93	32.71
2. 江苏	445	22.25	1.59	8665.71	433.29	30.95
3. 陕西	510	25.50	1.82	14421.41	721.07	51.51
样本期间（1998~2001 年）						
1. 全样本	347	3.44	0.86	4243.73	42.02	10.50
2. 江苏	81	4.05	1.01	1479.94	74.00	18.50
3. 陕西	71	3.55	0.89	751.01	37.55	9.39
样本期间（2002~2005 年）						
1. 全样本	705	6.98	1.75	9758.70	96.62	24.16
2. 江苏	132	6.60	1.65	2569.03	128.45	32.11
3. 陕西	177	8.85	2.21	2534.95	126.75	31.69
样本期间（2006~2011 年）						
1. 全样本	1072	10.61	1.77	32248.03	319.29	53.21
2. 江苏	232	11.60	1.93	4616.74	230.84	38.47
3. 陕西	262	13.10	2.18	11135.46	556.77	92.80

资料来源：中国科学院农业政策研究中心调查。

分不同时期看，在税费改革前期，江苏省样本村在投资的数量和规模方面远高于五省平均水平。其中，平均每村每年 10.5 万元的投资规模是五省平均水平的 1.7 倍。而陕西省样本村的投资水平略低于五省的平均水平。可见在税费改革前期，样本村的公共物品投资情况更多地依赖于当地政府的经济状况，西部大开发政策实施最初的几年，政策的效果体现得还不明显。

税费改革开始后，各省的投资项目数量和金额都有显著提高。陕西省样本村在这一时期公共物品投资的数量和规模都超过了五省的平均水平。平均每村每年 2.21 个项目数量超过了江苏省样本村的 1.65 个。虽然平均每村每年 31.69 万元的投资规模略低于江苏省，但已经远高于 24.16 万元的五省平均水平。

在新农村建设时期，各省之间投资调整的幅度较大。陕西省样本村继续税费改革以来投资的强势增长势头，投资项目数量虽然没有显著增加，但投资金额是上一时期的 2~3 倍，达到平均每村每年 92.8 万元的水平。江苏省这一时期的投资数量虽然高于五省平均水平，但投资规模已经下降，平均每村每年 38.47 万元的水平不但远少于陕西省，而且低于五省的平均水平。

具体从每个项目看，可以看出，在道路项目（见表 4-8）方面，税费改革之前数量很少，平均每村每年只有 0.16 个。富裕的江苏省样本村平均每村每年也只有 0.2 个。在税费改革时期，道路项目的建设迅速加快，陕西省样本村投资增幅更是比上一个时期增加了 6 倍，和江苏省一样平均每村每年都有 1 个道路项目。到了新农村建设时期，各省在道路项目的投资方面有所回落，数量是上一时期的 1/3 左右。

表 4-8　道路项目省际分布（平均每村每年项目个数）

省份	1998~2001 年	2002~2005 年	2006~2011 年
江苏	0.20	1.06	0.44
陕西	0.14	1.04	0.33
平均	0.16	0.85	0.30

资料来源：中国科学院农业政策研究中心调查。

灌溉排水项目方面（见表 4-9），公共物品投资的变化趋势比较类似道路项目的投资，三个时期的趋势是先增加后减少。不同的特点是税费改革前期平均每村数量要比新农村建设时期高。

表 4-9 灌溉排水项目省际分布（平均每村每年项目个数）

省份	1998~2001 年	2002~2005 年	2006~2011 年
江苏	0.15	0.36	0.18
陕西	0.06	0.13	0.05
平均	0.12	0.26	0.12

资料来源：中国科学院农业政策研究中心调查。

生活用水项目方面（见表 4-10），各省之间的投资趋势也十分类似于道路项目，不同的是生活用水项目相对道路项目来说要少很多，由此可见，在传统的道路、灌溉排水、生活用水三大投资方面，趋势是比较一致的。

表 4-10 生活用水项目省际分布（平均每村每年项目个数）

省份	1998~2001 年	2002~2005 年	2006~2011 年
江苏	0.04	0.18	0.08
陕西	0.11	0.35	0.09
平均	0.06	0.24	0.09

资料来源：中国科学院农业政策研究中心调查。

农村学校和诊所投资趋势明显不同于基础设施项目（见表 4-11）。陕西省样本村在税费改革前期，学校和诊所相对较少，平均每村每年只有 0.1 个项目，低于五省的平均水平。在税费改革后建设数量增加了将近一倍，达到平均每村每年 0.19 个项目，但是在新农村建设时期，数量又略有降低。江苏样本村在税费改革前期、税费改革时期和新农村建设时期对学校和诊所的投资是逐渐下降的，新农村建设时期平均每村每年只有 0.04 个项目，表明随着农村小学的合并进程与村诊所的规范经营，东部地区呈现出与西部地区不同的发展态势。

表 4-11 学校诊所项目省际分布（平均每村每年项目个数）

省份	1998~2001 年	2002~2005 年	2006~2011 年
江苏	0.21	0.08	0.04
陕西	0.10	0.19	0.18
平均	0.12	0.14	0.09

资料来源：中国科学院农业政策研究中心调查。

在环境项目投资方面（见表4-12），在税费改革之前，陕西省的样本村投资数量最多，平均每村每年0.28个项目，而江苏省这一时期几乎没有这些项目。在税费改革期间，陕西省样本村投资数量下降很快，只有不到上一时期的1/5。而江苏省样本村投资数量有所增加，达到平均每村每年0.14个。到了新农村建设时期，江苏省样本村数量又有减少，但是陕西省样本村数量又增加到平均每村每年0.3个，较上一个时期增加了6倍。

表 4-12 环境项目省际分布（平均每村每年项目个数）

省份	1998~2001 年	2002~2005 年	2006~2011 年
江苏	0.04	0.14	0.08
陕西	0.28	0.05	0.30
平均	0.11	0.12	0.23

资料来源：中国科学院农业政策研究中心调查。

在电力通信方面（见表4-13），税费改革前期，江苏省投资数量很高，平均每村每年0.35个项目左右，陕西省只有平均每村每年0.18个项目，低于五省的平均水平。到了税费改革时期，江苏省投资数量有所降低，但是陕西省这一时期的增加很快，达到平均每村每年0.43个项目。新农村建设时期，陕西省样本村项目数量依然不少，但是江苏省只有平均每村每年0.43个项目。电力通信方面投资在各省间是差异最小的一类投资。

表 4-13 电力通信项目省际分布（平均每村每年项目个数）

省份	1998~2001 年	2002~2005 年	2006~2011 年
江苏	0.35	0.33	0.13
陕西	0.18	0.43	0.37
平均	0.26	0.37	0.21

资料来源：中国科学院农业政策研究中心调查。

本章小结

本章使用 101 个样本村 14 年的调查数据对我国农村公共物品投资的发展变化进行了研究。研究结果表明，公共物品投资项目涵盖了农民生产生活的诸多领域，投资主要侧重在道路、电力通信设施、灌溉和排水、文化活动场所和新房建设等方面。企业作为公共物品投资提供的主体，也承担了一定的公共服务提供任务。

调查数据显示，实施新农村建设政策以来，农村公共物品投资结构出现了两极分化的趋势。道路项目、村文化活动场所与新房修建等项目占据了总投资的将近 2/3，导致其余项目上投资增加不足，突出体现在生态环境类项目和学校与诊所项目，而这些项目在拉动经济增长与消除贫困方面有巨大作用，亟须在今后制定公共物品投资策略时给予更多关注。

另外，农村公共物品投资存在一定的省际差异。总体而言，发达省份如江苏农村整体公共物品投资水平较高。西部省份公共物品投资力度也在逐渐赶上。如同 Rozelle（2006）提出的观点，西部地区已经成为增加农村公共物品投资的巨大努力目标。

第五章　农村公共物品投资资金来源与区域差异分析

第一节　引　言

我国共有五级政府，相关政策的推出影响着各级政府对农村的公共物品投资。有研究表明中央政府的财政收入一直占全部收入的50%~55%，但仅负担大约30%的支出，其余的都转移给了地方政府（陈锡文，2005）。2002年开始农村税费改革后，上级政府的转移支付力度加大，而地方政府的自营收入减少，地方政府对自己财政的控制能力逐渐减弱（续竞秦等，2009）。在2005年《中共中央关于制定国民经济和社会发展第十一个五年规划的建议》中，首次提出了“按照公共服务均等化原则，加大对欠发达地区的支持力度，加快革命老区、民族地区、边疆地区和贫困地区经济社会发展”。这些政策影响着农村公共物品投资的资金来源和投资方向的发展变化。

随着上述政策的实施，村一级的公共物品投资主体和投资规模发生了怎样的变化？这些变化是否促进了地区间公共服务的均等化？这些问题得到了学术界的广泛关注，很多学者从不同角度对上述问题开展了研究。一些研究从公共财政支出的角度分析我国农村公共物品投资的效率，城乡差距及策略变迁（刘穷志，2007；沈坤荣和张璟，2007；李燕凌和欧阳万福，2011；曾红颖，2012）。还有研究从微观角度分析了近年来农村村级公共物品投资的现状、规模、资金来源和决定因素（Zhang等，2006；罗仁福等，2008）。但是，利用村级数据详细分析近年来农村公共物品投资资金来源和地区间公共服务均等化的文章尚不多见。

因此本章的主要目的是利用长期微观村级跟踪调查数据，首先分析农村公共物品投资资金来源的发展变迁，其次以农村道路、生活用水和灌溉为例，分析我国农村公共物品投资策略的区域差异是否促进了地区间公共服务的均等化。具体而言要回答如下问题：来自上级部门的公共物品投资是否向偏远山区和基础设施水平差的地区倾斜？农村道路、生活用水和灌溉基础设施水平与相关公共服务可得性的区域差异现状及演变特征如何？贫困偏远山区农村道路、生活用水和灌溉公共基础设施水平和公共服务可得性是否有更显著的改善？现有的农村公共物品投资策略是否有利于缩小农村公共服务可得性的区域差异，今后是否需要调整以及应该如何进行调整？

本章数据来自中国科学院农业政策研究中心 2003~2012 年四次对样本村开展实地跟踪调查所收集的 101 个样本村的数据。调查收集了样本村公共物品投资项目数量、金额和资金来源信息。另外还有样本村道路、生活用水和灌溉基础设施状况的信息。主要变量的数据来自附录中村干部问卷。

第二节　农村公共物品投资资金来源的变化分析

中国各级政府在农村公共物品提供上的职能有所不同。例如，黄佩华和 Deepak（2003）的调查研究指出，中国超过 90% 的教育支出是由地方政府提供的，其中有 70% 的教育支出是由县乡政府承担的。为此，有必要针对农村公共物品投资的资金来源及分散化程度进行研究，以便更好地评价各级政府对农村经济发展所做出的努力。

一、农村公共物品投资分项目资金来源分析

根据项目特点，首先将公共物品投资资金按照项目分类进行分析。整个样

本期间，完全由村庄承担的公共物品投资占到总投资的 27.4%（见表 5-1）；完全由上级部门投资的项目占到总投资的 36.4%；同时，超过 1/3 的项目需要村里提供相应的配套资金。

表 5-1　不同类型公共物品投资项目投资来源年际变化

项目类型	项目总投资金额（万元）	完全由村庄自己投资金额（万元）	完全由上级投资项目金额（万元）	由村庄和上级共同投资项目金额（万元）	完全由村庄自己投资占总投资比例（%）	完全由上级投资占总投资比例（%）	由村庄和上级共同投资占总投资比例（%）
样本期间（1998~2011 年）							
道路	17801.85	3989.79	5667.26	8144.81	22.41	31.84	45.75
灌溉和排水	2852.38	717.07	1463.86	671.45	25.14	51.32	23.54
生活用水	2808.77	736.33	943.53	1128.91	26.22	33.59	40.19
修建诊所/学校	2346.95	570.88	637.53	1138.54	24.32	27.16	48.51
环境项目	3995.59	353.79	3471.36	170.44	8.85	86.88	4.27
电力/通信	5235.10	1666.27	2336.10	1232.73	31.83	44.62	23.55
其他项目	11209.82	4643.33	2317.11	4249.38	41.42	20.67	37.91
样本期间（1998~2001 年）							
道路	1091.44	455.14	236.50	399.80	41.70	21.67	36.63
灌溉和排水	391.68	172.99	68.79	149.90	44.17	17.56	38.27
生活用水	207.96	143.20	10.50	54.26	68.86	5.05	26.09
修建诊所/学校	539.93	298.45	75.20	166.28	55.28	13.93	30.80
环境项目	798.74	64.98	663.03	70.73	8.13	83.01	8.86
电力/通信	1155.98	335.78	528.70	291.50	29.05	45.74	25.22
其他项目	57.50	24.50	17.20	15.80	42.61	29.91	27.48
样本期间（2002~2005 年）							
道路	4414.57	1423.57	659.10	2331.90	32.25	14.93	52.82
灌溉和排水	503.88	241.88	108.30	153.70	48.00	21.49	30.50
生活用水	565.19	170.91	129.54	264.74	30.24	22.92	46.84
修建诊所/学校	884.12	74.33	133.83	675.96	8.41	15.14	76.46
环境项目	758.44	208.06	484.48	65.90	27.43	63.88	8.69
电力/通信	1320.78	341.93	479.30	499.55	25.89	36.29	37.82
其他项目	1311.72	249.95	167.40	894.37	19.06	12.76	68.18

续表

项目类型	项目总投资金额（万元）	完全由村庄自己投资金额（万元）	完全由上级投资项目金额（万元）	由村庄和上级共同投资项目金额（万元）	完全由村庄自己投资占总投资比例（%）	完全由上级投资占总投资比例（%）	由村庄和上级共同投资占总投资比例（%）
样本期间（2006~2011年）							
道路	12295. 85	2111. 08	4771. 66	5413. 11	17. 17	38. 81	44. 02
灌溉和排水	1956. 82	302. 20	1286. 77	367. 85	15. 44	65. 76	18. 80
生活用水	2035. 62	422. 22	803. 49	809. 91	20. 74	39. 47	39. 79
修建学校/诊所	922. 40	197. 60	428. 50	296. 30	21. 42	46. 45	32. 12
环境项目	2438. 42	80. 76	2323. 85	33. 81	3. 31	95. 30	1. 39
电力/通信	2758. 34	988. 56	1328. 10	441. 68	35. 84	48. 15	16. 01
其他项目	9840. 60	4368. 88	2132. 51	3339. 21	44. 40	21. 67	33. 93

资料来源：中国科学院农业政策研究中心调查。

从整体看，不同类型项目资金来源差异较大。全部项目中，完全由村庄投资的项目占比为27%，由上级投资的项目和由上级与村庄共同出资的项目分别占到36%。具体而言，三大传统项目中，道路和生活用水项目的资金来源占比同整体的比例基本一致，但灌溉项目完全由上级投资比例占到50%，原因是大型水利设施主要由上级投资所建，村庄所投入资金主要是对灌溉和排水设施的维护，因而所占比例较小。环境项目由村庄出资比例最低不到10%，原因是环境类项目包含着生态林、退耕还林等国家主导项目，因而在这类项目中完全由上级投资的比例将近90%，改善村庄本身环境卫生的项目投资不多。电力通信项目村庄自己投资资金也占到30%多，这些项目集中在村广播、小型用电设施建设，而诸如电网改造、通信基站建设则主要由相应国企单位负责。其他项目中完全由村庄自己投资比例较高，这些项目大多是村委会、村活动中心的建设，这些项目的投资中，农户集资也占有很大比重。

为了厘清政策对公共物品投资资金来源的影响，这里仍然遵循上一章做法，将样本期间分为税费改革之前、税费改革之后和新农村建设时期，分别看政策实施前后对农村公共物品投资来源的变化情况。

在税费改革之前，完全由村庄自己投资的项目所占比重较高达到 35%，而完全由上级投资的项目所占比重为 37%，两项资金来源相差不大。这一时期完全由村庄自己投资的项目比较集中在道路、灌溉、生活用水和修建学校与诊所项目。原因是这一时期，这些农村基础设施和基本公共服务相对落后，不能满足农民的需要，而税费改革前村委会还拥有“三提五统”的资金，因而由村庄作为投资主体的项目比重较高。相应地，这几类项目中由上级直接投资项目所占比例很小，如生活用水项目只有 5%。完全由上级投资的项目主要集中在环境和电力/通信项目上，这些项目多年来上级投资一直保持较高比例。原因是国家实行的“村村通”工程，通有线电视、通电话等项目在农村中不断普及。另外，其他项目大部分也由村庄自己出资完成，上级投资所占比例只有 1/5，这从另外一个角度也佐证了该时期村庄拥有一定的自营收入能力。

税费改革后，完全由村庄自己投资项目所占比重有所降低，占比 28%，村庄配套资金项目占比超过了 50%。具体而言，完全由村庄投资的道路、生活用水项目占比有明显下降。减少最明显的是修建诊所和学校项目。原因是 2001 年实施了农村小学“撤点并校”的改革，很多样本村的小学取消了农村小学和教学点，因此村里不需要对学校的投资。这段时期由于税费改革实施时间不长，呈现出上级投资加村级配套资金模式的投资项目大幅增加。共同投资项目资金占总投资比例从税费改革之前的 27%增加到 50%，是所有时段中比例最高的。其中道路项目共同投资占总投资比例超过 50%而修建学校与诊所项目的共同投资占总投资比例更是达到 76%，可以看出，这一阶段国家通过村配套资金建设项目的方法进行过渡的特点。

进入新农村建设时期，完全来自上级投资的项目比例明显增多，完全来自村一级投资项目的比例进一步减少。完全来自村级投资项目的资金占比从税费改革后期的 28%下降到新农村建设时期的 26%。下降明显的项目是道路、灌溉和生活用水项目，这几类项目完全由村庄投资所占总资金比例已经不到 20%。修建学校和诊所项目完全由村庄投资比例又有所增加，原因是随着新农村合作医疗的普及，从而要求更多的村庄修建村卫生室，因而资金的增加多是来自村诊所的修建，这部分资金主要来自村医和村委会。另外，完全由村庄投资的其他项目这一时期增加较多，因为新农村建设“乡风文明”的要求，修建了不少村活动室。相应的完全由上级投资的项目资金占比从税费改革后的22.15%增加到新农村建设时期的40.5%。新农村建设开始后，上级政府加强了村卫生环境的项目投资力度，使这一时期环境项目中95%的资金由上级投资。

二、农村公共物品投资资金来源区域差异分析

本部分将继续按照前文的思路，根据不同项目省份，分析农村公共物品投资资金来源省际之间的差别，以及不同政策时间段，省际之间公共物品投资资金来源的变动趋势。

从整个调查时间段看，一个明显的特征是省际间投资金额差距较大。陕西省和四川省项目投资的总额超过1亿多元，河北省的投资总额只有3000多万元，不到陕西省的1/3。平均而言，完全由村庄投资的项目占全部项目资金比例不到15%。其中，河北省和江苏省完全由村庄自己投资的项目占比超过1/4，陕西和四川省相对较少，村庄自己投资所占份额均不到7%，吉林省完全由村级投资的比例为19%，略高于平均水平；完全由村庄自己投资占比较低的省份相应来自上级的投资较多。江苏省完全由上级投资的项目所占比例最低只有27%，四川省则有58%的项目投资完全来自上级政府。

由此可见，来自上级政府的农村公共物品投资具有明显向西部倾斜的特征。类似江苏省这样的发达省份，完全由村庄投资的金额与上级政府投资的金额相差不大，而且更多的项目来自上级政府和村集体共同投资完成。这样的投资安排比较合理，根据不同地区的发展情况安排上级政府的资金投入，符合统筹区域发展的要求。

分时段看，在税费改革前期，不同省份之间投资整体水平较低，平均而言村庄自己投资的项目占比超过1/4。这一时期江苏省的投资金额最多，而吉林

省投资最少，两省的投资总额相差6倍多。河北省和吉林省由村庄自己投资的项目所占比重较多，尤其是吉林省占比达到65%，其他三省相对较少，如陕西省由村庄自己投资的项目所占资金比例只有14%。完全由上级投资的项目四川省所占比例最高接近60%，而吉林省所占比例最低只有不到20%，省份之间差距较大。由上级政府和村庄共同投资的资金占比不同省之间差异更大，陕西省和江苏省分别有45%和44%的资金来自上级政府和村庄共同投资，而河北省和四川省都不到10%。这一时期上级投资向西部地区投资倾斜并不明显。

税费改革后，各省之间对政策的反应并不完全一致。税费改革的目的是减轻农民的负担，同时也减少了村庄的收入。按照常理推测应该由村庄投资的项目金额占比有所减少，然而实际情况并非完全如此。河北省税费改革后，村庄自己投资项目所占比例较税费改革之前反而有所上升达到49%。其他省份村庄自己投资所占比例较税费改革之前都有所降低。

这一时期另外一个特点是完全由上级投资的项目占比各省都有所下降。实施税费改革后，各省平均完全由上级政府投资金额占比从税费改革前的42%下降到25%左右。相应的各省在由上级和村庄共同投资的项目资金占比都有所上升，从税费改革前的31%上升到税费改革时期的55%。税费改革后上级政府并没有采取直接投资的方式加大对农村的公共投资，而是采用上级政府和村级共同投资的方式。

新农村建设开始后，各省之间资金来源变动的趋势比较一致。新农村建设开始后，税费改革政策影响继续发挥作用，完全由村庄投资的项目占比各省平均为12%，进一步下降。江苏省完全由村庄投资的项目所占比例虽然较上一时期有所提高，但幅度不大。这一时期的明显变化是各省从上级得到的公共物品投资项目所占比例较上一时期都有所提高，各省间趋势比较一致。各省从上级得到的公共物品投资项目平均占比达到48%，另外陕西省和四川省这一时期完全来自上级的投资占比超过50%，这些省际的变化较好地体现出新农村建设缩小地区差距的政策目的。

表 5-2　省际间公共物品投资项目投资来源年际变化

	项目总投资金额（万元）	完全由村庄自己投资项目金额（万元）	完全由上级投资项目金额（万元）	由村庄和上级共同投资项目金额（万元）	完全由村庄自己投资占总投资比例（%）	完全由上级投资占总投资比例（%）	由村庄和上级共同投资占总投资比例（%）
样本期间（1998~2011年）							
河北	3787.75	1365.06	1107.50	1315.20	36.04	29.24	34.72
江苏	8665.71	2247.77	2367.58	4050.36	25.94	27.32	46.74
吉林	8335.34	1572.37	3188.77	3574.20	18.86	38.26	42.88
陕西	14420.41	996.00	6588.32	6836.09	6.91	45.69	47.41
四川	11300.24	747.48	6588.43	3964.34	6.61	58.30	35.08
合计	46509.45	6928.68	19840.59	19740.18	14.90	42.66	42.44
样本期间（1998~2001年）							
河北	410.48	170.78	189.10	50.60	41.60	46.07	12.33
江苏	1479.94	382.44	447.50	650.00	25.84	30.24	43.92
吉林	237.45	154.85	46.00	36.60	65.21	19.37	15.41
陕西	751.01	101.80	311.02	338.19	13.56	41.41	45.03
四川	1364.85	306.87	801.78	256.20	22.48	58.74	18.77
样本期间（2002~2005年）							
河北	827.15	402.13	126.30	298.72	48.62	15.27	36.11
江苏	2569.03	613.50	308.88	1646.65	23.88	12.02	64.10
吉林	1420.17	400.83	265.67	753.67	28.22	18.71	53.07
陕西	2534.95	110.75	670.51	1753.69	4.37	26.45	69.18
四川	2407.41	331.08	1147.37	928.96	13.75	47.66	38.59
样本期间（2006~2011年）							
河北	2550.13	792.15	792.10	965.88	31.06	31.06	37.88
江苏	4616.74	1251.83	1611.20	1753.71	27.12	34.90	37.99
吉林	6677.72	1016.69	2877.10	2783.93	15.23	43.09	41.69
陕西	11134.46	783.45	5606.79	4744.22	7.04	50.36	42.61
四川	7527.99	109.53	4639.28	2779.18	1.45	61.63	36.92

资料来源：中国科学院农业政策研究中心调查。

第三节　农村道路、生活用水及灌溉公共服务提供地区差异分析

对农村公共物品投资资金来源分项目和分区域的整体考察，虽然给未来农村公共物品投资策略调整提供了重要参考，但公共物品投资策略调整还需要考虑农村内部存在的巨大差异。只有在分析相关公共物品投资水平和相应公共基础设施以及服务提供水平差异及异质性的基础上，才有可能提出兼顾地区特征的农村公共物品投资调整策略。考虑到道路、生活用水和灌溉的基础设施水平与公共服务提供对促进农村发展的重要性，这一部分主要以道路、生活用水和灌溉为例进行分析。

道路硬化里程、农户自来水覆盖率、有效灌溉面积比例三个指标可以很好地代表道路、生活用水及灌溉服务提供水平和质量，后续部分将主要使用这三个指标对农村道路、生活用水和灌溉情况进行分析。为了分析不同样本村道路、生活用水及灌溉公共物品投资和服务提供水平间存在的差异，基于已有研究成果和国家促进贫困农村发展的现实需要，结合本书数据的情况，本部分选用如下指标对样本村进行分类。这些指标是 2004 年样本村道路、生活用水及灌溉服务提供水平的状况，使用这些指标的原因是希望从基本公共服务提供的角度把握样本村道路、生活用水及灌溉公共物品投资及服务提供水平的差异及其变迁，并通过分析不同收入、交通区位和自然条件地区的公共物品投资和公共服务提供水平差异，探讨近年来的公共物品投资策略是侧重于“锦上添花”还是“雪中送炭”。书中使用了村人均收入，样本村距离乡镇距离和 25 度以上山地所占比例等指标将样本村等分成两组，比较不同类型样本村近年来道路、生活用水及灌溉公共物品投资及服务提供水平的差异及其变迁。

一、道路公共物品投资与服务提供水平的地区差异

调查数据表明，虽然2004年道路基础设施水平不同的样本村道路硬化里程都有显著增加，但2004年道路基础设施差的样本村改善得更快，样本村之间硬化道路里程的差距逐渐缩小。2004年，大约一半的样本村基本没有硬化道路，而2004年道路基础设施较差的村硬化道路里程分别增加到3.02千米和4.51千米。而道路基础设施较好的村2004年硬化道路里程已经达到2.65千米，并在2007年和2011年底分别增加到5.13千米和5.80千米。道路基础设施较差和较好的样本村之间硬化道路里程的差距从2004年的2.64千米逐步下降到2007年的2.11千米和2011年的1.29千米，差异逐年缩小。

从道路投资金额和硬化道路里程变化看，道路基础设施条件较差样本村的投资效果好于道路基础设施条件较好的样本村。2005~2007年和2008~2011年道路设施条件较差样本村平均每投资14.52万元和39.32万元可以分别增加1千米的硬化道路。而在道路基础设施条件较好的样本村，2005~2007年和2008~2011年需要分别投资25.98万元和129.52万元才能增加1千米的硬化道路。这表明从道路硬化里程增长情况看，过去几年道路基础设施较差样本村的道路投资回报率相对较高。上述结果意味着，对于农村道路基础设施水平较差的村，道路投资策略需要兼顾道路硬化和养护，而在道路基础设施水平较好的村，道路投资应主要关注道路维护保养。如表5-3所示。

表5-3 不同类型样本村道路项目投资和设施状况的变迁

	村数量（个）	2004年硬化道路里程（千米）	2005~2007年平均每村投资规模（万元）	2007年硬化道路里程（千米）	2008~2011年平均每村投资规模（万元）	2011年硬化道路里程（千米）
2004年硬化道路里程较低的样本村	51	0.01	43.72	3.02	58.58	4.51
2004年硬化道路里程较高的样本村	50	2.65	64.42	5.13	86.78	5.80

续表

	村数量（个）	2004 年硬化道路里程（千米）	2005~2007 年平均每村投资规模（万元）	2007 年硬化道路里程（千米）	2008~2011 年平均每村投资规模（万元）	2011 年硬化道路里程（千米）
2004 年人均收入较低的样本村	52	0.46	49.86	3.21	80.49	4.67
2004 年人均收入较高的样本村	49	2.23	58.33	4.97	64.11	5.65
2004 年距离乡镇较近的样本村	54	1.45	54.17	4.66	101.99	5.57
2004 年距离乡镇较远的样本村	47	1.19	53.74	3.46	38.70	4.72
2004 年山地占土地面积较少的样本村	51	1.12	43.10	3.53	39.93	4.19
2004 年山地占土地面积较多的样本村	50	1.53	65.05	4.61	105.81	6.13

资料来源：中国科学院农业政策研究中心调查。

根据 2004 年村人均纯收入分组并对比相对贫穷和富裕村庄的道路基础设施水平可以看出，两类样本村的硬化道路里程都有所增加，硬化道路里程差距显著缩小。2004 年相对贫困样本村的硬化道路里程仅有不到 0.5 千米，而相对富裕样本村有 2.23 千米硬化道路，两者相差了 1.77 千米。随着近几年农村道路公共物品投资力度的加大，特别是在 2008~2011 年道路公共物品投资进一步向贫困地区倾斜，显著增加了相对贫困样本村的硬化道路里程。2007 年和 2011 年底，相对贫穷样本村分别有 3.21 千米和 4.67 千米硬化道路，而相对富裕样本村的硬化道路里程分别为 4.97 千米和 5.65 千米，两类样本村硬化道路里程差距逐步缩小，在 2011 年底两类样本村的差异已经不到 1 千米。

从道路公共物品投资对硬化道路形成的效果看，农村相对贫困地区的道路投资回报率要高于农村相对富裕地区。2005~2007 年形成 1 千米的硬化道路，在农村相对贫困地区要 18 万元左右的投资，而在农村相对富裕地区则要 21 万元。和前面的发现一致，2008~2011 年，形成 1 千米硬化道路的成本有所增加，但相对贫困农村的投资成本显著低于相对富裕农村，两者分别为 55 万元和 94 万元。上述分析结果表明，我国农村地区道路公共物品投资的策略较为合理，特别是 2008~2011 年通过加大对相对贫困农村的道路投资力度，不仅有效减少了相对贫困农村和富裕农村道路基础设施水平的差异，还提高了道路公共物品投资的效益。

通过将样本村分为离乡镇较近和较远两类进行比较可以看出，离乡镇较远样本村硬化道路里程增加相对缓慢，与离乡镇较近样本村硬化道路里程的差距有所扩大。2004 年，离乡镇较近和较远的样本村硬化道路水平都比较低，分别为 1.45 千米和 1.19 千米，两类村硬化道路里程相差不到 0.3 千米。但在 2007 年和 2011 年底，离乡镇较近样本村硬化道路长度快速增加到 4.66 千米和 5.57 千米，而同期离乡镇较远样本村硬化道路长度仅增加到 3.46 千米和 4.72 千米，差距有所扩大。

对比离乡镇较近和较远样本村道路投资对硬化道路里程增加的效果，本文发现未来农村道路投资还存在优化的空间。2005~2007 年，距离乡镇较近样本村道路投资回报率较高，形成 1 千米硬化道路需要 16 万多元，稍小于较偏远样本村的 23 万多元。说明这一阶段将更多道路投资投向了距离乡镇较近的地区有一定合理性。但 2008~2011 年，较偏远样本村平均 30 万元道路投资可形成 1 千米道路，远小于离乡镇较近样本村的 112 万元。而同期离乡镇较近和较远样本村道路投资金额分别为 102 万元和 39 万元，道路投资现状和效果表明今后农村道路投资策略应更多投向较偏远地区。

通过将样本村根据地形分为山地村和平原村可发现，从促进山区发展的角度看，农村道路投资策略较为合理。在 2004 年山地村和平原村硬化里程都为 1 千米多，山地村硬化道路里程平均比平原村多出 0.4 千米，截至 2007 年和 2011 年，山地村硬化道路里程平均分别比平原村多出 1.1 千米和 1.9 千米。从投资金额和投资效果看，2005~2011 年，山地村的道路投资规模都要大于平原村，而且山地村道路投资效果比平原村稍差。虽然山地村道路投资较大、硬化道路里程较多，但两类样本村硬化道路通达性方面存在的差距不大，在 2004 年、2007 年和 2011 年，山地村中没有通硬化道路的比例分别为 26%、

5%和3%，基本和平原村23%、10%和3%的比例相同。这说明要确保山区农村和平原农村地区获得相同的硬化道路通达条件，山地村道路基础设施改善存在更大的困难，客观上导致需要更多的道路投入，说明我国农村道路投资策略也较好地体现了公平和效率兼顾的特点。

二、生活用水公共物品投资与服务提供水平的地区差异

通过对比2004年生活用水服务提供较差和较好样本村农户自来水覆盖率的变迁，可以看出生活用水服务提供较差样本村供水条件显著改善，样本村农户自来水覆盖率上存在的差距逐步缩小。调查数据表明，2004年生活用水服务提供较差样本村农户自来水覆盖率仅为不到15%，而生活用水服务提供较好样本村农户自来水覆盖率为94%，两类样本村间存在巨大差距。2007年和2011年底，生活用水服务提供较差样本村农户自来水覆盖率逐步提高，而生活用水服务提供较好样本村农户自来水覆盖率变化不大，两地区的差距逐步缩短。

从2004年生活用水服务提供较差和较好样本村的自来水投资情况看，农村生活用水投资策略基本合理，但存在一些需要注意的问题。2005~2007年，生活用水公共物品投资更多投向生活用水服务提供较差的样本村（平均每村12.57万元），取得了显著的投资效果，每投资8000元可以将样本村农户自来水覆盖率提高1个百分点。同期在生活用水服务提供较好样本村的生活用水公共物品投资偏少（平均每村仅2.79万元），难以维护已有的自来水管网，使这些村庄在2007年末农户自来水覆盖率下降了2个百分点。但2008~2011年，生活用水服务提供较好样本村的投资力度得到加强后，2011年底农户通自来水比例达到96%，几乎全部村民都能享用自来水，而生活用水服务提供较差样本村的投资效果依然显著，样本村平均每投资约7000元可以将样本村农户自来水覆盖率提高1个百分点。上述分析结果表明，今后还要继续加大生活用水投资力度，提高生活用水服务提供较差样本村的自来水覆盖率，同时确保已有自来水管网能得到有效维护，如表5-4所示。

表 5-4 不同类型样本村生活用水项目投资和设施状况的变迁

	村数量（个）	2004 年样本村自来水覆盖率（%）	2005~2007 年平均每村投资规模（万元）	2007 年样本村自来水覆盖率（%）	2008~2011 年平均每村投资规模（万元）	2011 年样本村自来水覆盖率（%）
2004 年样本村自来水覆盖率较低的村	51	0.15	12.57	0.30	11.56	0.46
2004 年样本村自来水覆盖率较高的村	50	0.94	2.79	0.92	14.02	0.96
2004 年人均收入较低的样本村	52	0.44	6.84	0.50	11.31	0.65
2004 年人均收入较高的样本村	49	0.64	8.68	0.71	14.33	0.76
2004 年距离乡镇较近的样本村	54	0.59	5.53	0.70	9.44	0.78
2004 年距离乡镇较远的样本村	47	0.49	10.25	0.51	16.61	0.63
2004 年山地占土地面积较少的样本村	51	0.73	4.40	0.79	6.55	0.90
2004 年山地占土地面积较多的样本村	50	0.34	11.12	0.41	19.12	0.51

资料来源：中国科学院农业政策研究中心调查。

相对富裕和贫困样本村生活用水服务提供水平在调查期间都有显著增加，生活用水服务提供水平存在的差距开始缩小，今后生活用水投资应更多向贫困农村倾斜。2004 年，相对贫困样本村和相对富裕样本村自来水覆盖率相差 20%，截至 2011 年底，两类村的差距减少到 11%。2005~2011 年，相对富裕样本村的投资回报率低于相对贫穷的样本村，但相对富裕的样本村拥有比相对贫困样本村更大的投资规模，从投资回报率和扶贫目标的角度看，今后生活用水公共物品投资需要更多地向相对贫困农村地区倾斜。

前期农村生活用水投资很好地考虑了离乡镇较近和较远两类村庄的投资效率与基本公共服务提供的公平性，需要继续保持。2004 年离乡镇较近样本村农户自来水覆盖率为59%，而较偏远样本村农户自来水覆盖率为49%，两类样本村间的差距并不算大。从2005~2011年生活用水投资和样本村农户自来水覆盖率的变化看，较偏远地区农户自来水覆盖率每提高1个百分点需要的投资额要大于离乡镇较近样本村。虽然同期较偏远地区样本村生活用水投资力度要大于离乡镇较近样本村，但两类样本村农户自来水覆盖率的差距仍然增加了5个百分点。上述分析结果表明，虽然相对偏远地区生活用水公共物品投资回报率相对较低，但综合考虑公平性和效率后，今后生活用水公共物品投资仍然要向偏远地区倾斜，以缩小不同区位样本村生活用水服务提供中存在的差距。

调查数据表明，虽然在山区提供自来水服务所需的单位投资额要大于平原地区，但从促进山区发展的角度看，今后还需要进一步加大农村山区生活用水投资的倾斜力度。2005~2011年，山地村确实得到了更多生活用水投资（平均每村生活用水公共物品投资金额为30万元），远高于平原村平均11万元的投资额，但两类样本村农户自来水覆盖率的差距并没有缩小。考虑到2011年山地村农户自来水覆盖率只有51%，远小于平原村90%的农户自来水覆盖率，因此尽管山地村自来水公共物品投资效率低于平原村，从生活用水公共服务提供公平角度出发，今后还需要进一步加大山区生活用水公共物品投资力度，提高山区自来水覆盖率，确保饮水安全。

三、灌溉公共物品投资与服务提供水平的地区差异

对比2004年灌溉服务提供较好和较差样本村灌溉公共物品投资与有效灌溉面积比例的动态演变发现，样本村农村灌溉服务的提供存在巨大差距，灌溉服务改善存在严重困难。2004年，灌溉服务提供较差样本村的有效灌溉面积比例只有19%，2005~2011年，每村平均11.7万元的灌溉投资规模将有效灌溉面积比例提高到2011年的26%。而在2004年灌溉服务提供较好的样本村，2005~2007年每村平均4.6万元的灌溉投资规模甚至满足不了现有设施管理和维护的需要，有效灌溉面积比例从2004年的88%下降到2007年底的83%。上述分析进一步佐证了需要加大农村灌溉投资力度，确保有充足的资金用于现有灌溉设施的管理和维护，进一步提高灌溉服务提供较差样本村的有效灌溉面积比例。

相对富裕和贫困样本村前期的灌溉公共物品投资仅能勉强维持现有灌溉服务提供水平。相对贫困样本村多年来有效灌溉比例变化不大，一直维持在38%左右，灌溉投资仅能维持现有灌溉设施维护。相对富裕样本村灌溉服务提供相对较好，2004年有效灌溉面积比例为71%，但灌溉设施的有效维护存在较大压力。2005~2007年相对富裕样本村年均5万元的灌溉投资明显不足，所幸2008~2011年灌溉投资力度的加大（年均14万元）缓解了灌溉服务提供水平的恶化趋势，但2011年有效灌溉面积比例也仅恢复到了2004年的水平。如表5-5所示。

表5-5 不同类型样本村灌溉项目投资和设施状况的变迁

	村数量（个）	2004年样本村的有效灌溉面积比例（%）	2005~2007年平均每村投资规模（万元）	2007年样本村的有效灌溉面积比例（%）	2008~2011年平均每村投资规模（万元）	2011年样本村的有效灌溉面积比例（%）
2004样本村的有效灌溉面积比例较小的村	51	0.19	4.10	0.22	7.64	0.26
2004样本村的有效灌溉面积比例较大的村	50	0.88	4.64	0.83	14.45	0.83
2004年人均收入较低的样本村	52	0.37	3.80	0.38	8.42	0.38
2004年人均收入较高的样本村	49	0.71	4.97	0.67	13.76	0.71
2004年距离乡镇较近的样本村	54	0.56	3.75	0.56	8.63	0.56
2004年距离乡镇较远的样本村	47	0.50	5.07	0.49	13.74	0.52
2004年山地占土地面积较少的样本村	51	0.68	5.45	0.70	9.59	0.69
2004年山地占土地面积较多的样本村	50	0.39	3.26	0.34	12.45	0.39

资料来源：中国科学院农业政策研究中心调查。

离乡镇较近和较远样本村的有效灌溉面积比例差距不大，灌溉投资基本仅能维持现有灌溉服务提供水平。离乡镇较近样本村多年来有效灌溉比例一直是56%，没有明显的变化，灌溉投资仅能维持现有灌溉设施的运转。离乡镇较远样本村2005～2007年的投资甚至不足以满足现有灌溉设施维护支出，导致2007年底有效灌溉面积比例有所下降。2008～2011年，离乡镇较远样本村通过加大灌溉投资力度，截至2011年底有效灌溉面积比例小幅提高了2个百分点，这说明要提高农村有效灌溉面积比例，必须进一步加大灌溉投资力度。

山地村的有效灌溉面积比例明显小于平原村，而且多年来一直没有改善。山地村2004年有效灌溉面积比例仅为39%，而且2005～2007年样本村平均3.26万元的灌溉投资规模难以对现有灌溉设施进行有效维护，导致有效灌溉面积在2007年减少到34%。2008～2011年虽然灌溉投资开始向山地村倾斜，但年均12.45万元的灌溉投资规模仅使有效灌溉面积比例提升到2004年的水平。平原地区的有效灌溉面积比例多年来也没有明显变化，现有的灌溉投资力度仅能将有效灌溉面积比例维持在原有70%的水平。

本章小结

本章使用我国101个样本村长期跟踪调查数据，对我国农村公共物品投资的资金来源不同时段变化趋势和地区间区域差异进行了细致分析，并以道路、生活用水和灌溉项目为例对基础设施和相关服务提供水平特征进行了研究。研究结果表明，不同项目之间资金来源差异较大；发达省份和西部省份的资金来源也有明显差异。另外，道路和生活用水投资有效改善了农村硬化道路水平和农户自来水覆盖率，但灌溉投资不足的现象依然突出，农村公共物品投资策略有必要进一步优化。

整体而言，完全由上级投资的项目更多地投向了西部地区和东北地区，江苏省等发达省份则更多地依靠村庄自主投资完成公共物品投资项目。税费改革和新农村建设政策实施后，样本村由村庄自己投资的项目比例减少，相应地，完全由上级政府投资的项目增多。比较新颖的发现是，新农村建设政策的效果影响比较快速，政策实施后几年就出现了效果。而税费改革的效果比较缓慢，最初的三年更多的是由上级和村庄共同投资建设项目，具有明显过渡时期的特点，随后几年税费改革政策的效果开始显现，村庄自主投资项目比例进一步降低。

农村道路项目投资显著增加了样本村硬化道路总里程，村村通硬化道路的目标基本实现。在道路投资中较好地兼顾了效率和公平相结合的原则，道路基础设施较差地区和较好地区、相对贫困地区与富裕地区间硬化道路里程差距在缩小，山地地区农村硬化道路里程超过了平原地区农村，但较偏远的农村和距离乡镇较近农村的硬化道路里程差距在拉大。未来道路投资策略将从前期的道路升级改造为主逐步转向道路维护保养为主，在继续保持向贫困地区和山地地区适当倾斜的基础上，加大对偏远地区的投资力度，促进农村道路公共服务的协调发展。

农村自来水覆盖率和生活用水质量虽然有较大提高，但农村生活用水服务提供改善仍任重道远。尽管生活用水基础设施较差和较好地区、相对贫困和富裕地区农户间自来水覆盖率差距在缩小，但生活用水基础设施较差地区和山区农村仅一半的农户能用上自来水，较偏远农村和离乡镇较近地区农户自来水覆盖率差距还在拉大。在生活用水投资策略上，需要继续加大生活用水基础设施较差地区、贫困偏远山区的生活用水公共物品投资力度，让越来越多的农民能喝上安全的自来水。

农村灌溉投资仅能勉强维持现有灌溉设施的保养和维护，不同地区有效灌溉面积比例基本没有任何改善，部分地区甚至出现有效灌溉面积比例减少的情况。今后需要切实加大农村灌溉投资力度，改变多年来仅能维持现有灌溉服务的局面。在今后灌溉投资策略上要适当向灌溉服务基础差、相对贫穷、偏远和山地地区倾斜，改变这些农村地区灌溉基础设施落后的状况，同时做到开源和节流并举，采取有效措施提高水资源利用效率。

第六章　农村公共物品投资决定因素分析

第一节　引　言

通过上两章的分析，了解了农村公共物品投资多年来的发展变化趋势，这种趋势呈现出许多值得讨论的状况。接下来自然而然需要提出一个问题，究竟是哪些因素影响着公共物品投资的发展变化？

关于影响公共物品投资因素，Banerjee 等（2008）提出一个分析框架，他们将影响因素分为自上而下的因素，即由中央政府主导的提供公共物品的政策和地方集体行动的因素，也就是基于多个个人意愿加总过程而形成的对公共物品需求的表达。相对而言，自上而下的因素涉及的情况太多，很难阐明究竟是什么因素影响着自上而下对公共物品的提供。至今鲜有文献清晰地表明自上而下提供的公共物品和地方对公共物品的诉求究竟是怎样的关系。

研究自下而上反映地方人群意愿的公共物品提供的文献相对较为丰富。影响因素大体可以归纳为当地人口特征（Foster 和 Rosenzweig，2004）和地区的社会经济异质性，如人均收入、少数人口比例、地区大小等（Alesina 等，1999；Khwaja，2009）。中国农村公共物品的研究中，大部分文献都考虑到了这两类因素对公共物品提供的影响（张晓波等，2003；Zhang 等，2006；罗仁福等，2006），但这些研究使用到的数据都是截至 2003 年的横截面数据，因此结果的一致性值得探讨。

本章研究的目的是利用 101 个样本村 1998~2011 年共三轮公共物品投资的面板数据，针对农村公共物品投资的影响因素进行细致分析，希望得到农村公共物品投资影响因素更加稳健的结果。本章主要的变量——公共物品投资项目数量是由村问卷的历年数据加总所得，主要解释变量来自村表中大量的村庄社会经济信息，具体包括：村庄总人口、少数民族人口比例、人均耕地面积、外出务工劳动力比例、村庄人均收入等信息。这些信息大体上反映了当地人口特征和地区的社会经济异质性。

第二节　公共物品投资分布

根据前几章的分析得知，村庄的公共物品投资数量在不断增加，但在不同样本村之间差异还是很大。图 6-1 描述了 1998~2011 年样本村公共物品投资项目数量的分布。从图中可以发现，虽然 14 年来平均每村有 21 个公共物品投资项目，但仍然有 16%的村庄平均一年不到一个公共物品投资项目。而相应地，有 20%

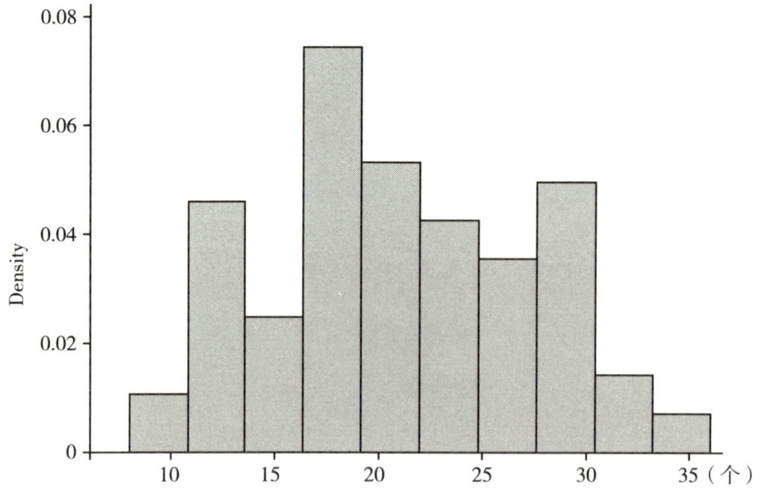

图 6-1　1998~2011 年样本村公共物品投资项目数量分布

资料来源：中国科学院农业政策研究中心调查。

的村平均一年有 2 个以上的公共物品投资项目，样本村之间的差异比较明显。

把所有项目按投资资金来源区分为是否完全由上级投资的项目可以发现（见图 6-2），由上级投资的公共物品项目的分布更加不均衡。有 3 个样本村 14 年来没有完全由上级政府投资的公共物品项目。50%的村平均 3 年没有 1 个来自上级投资的项目，只有 10%的村平均每年有 1 个来自上级投资的项目。

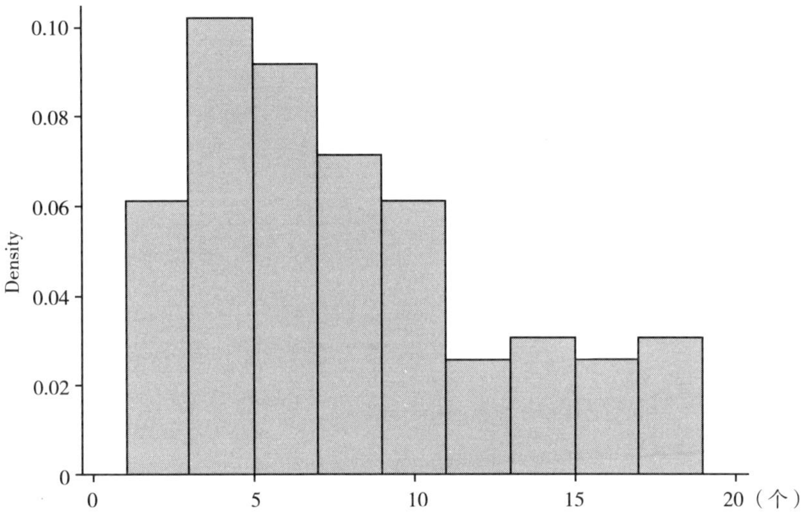

图 6-2　1998~2011 年完全由上级投资的公共物品项目数量

资料来源：中国科学院农业政策研究中心调查。

第三节　公共物品投资决定因素的计量经济分析

一、模型设定与变量描述

基于 Banerjee 等（2008）提出的框架，并根据 Zhang 等（2006）的研究，

本书将影响公共物品投资的因素归纳为目标要素和需求要素。目标要素指上级政府对农村进行公共物品投资需要考虑的因素；需求要素指村里的某些促使村民有进行某项投资意愿的特征。依照此分类，本书的目标要素包括村人均收入、少数民族人口比例、村委会到乡镇政府距离、村委会到最近水泥路距离、总人口和村内相隔最远的两个小组之间距离。需求要素包括村集体企业个数，具有自营工商业农户占总农户的比例，外出打工人员占总村庄劳动力比例，村庄人均耕地面积和有效灌溉面积占总耕地面积比例等。下面分析这些变量和公共物品投资项目数量及规模的相关关系。

根据 2004 年、2007 年和 2011 年各个要素变量的五等分情况，将 1998~2011 年样本村公共物品投资项目数量和规模进行相应分组。表 6-1 显示了五等分组中每组最高的 20%的村和最低的 20%的村的情况。地区的人均收入和少数民族人口比例通常是重要的进行公共物品投资的指标（张林秀等，2005），通常政府实施的公共物品投资计划会向贫困和少数民族地区倾斜。反而是少数民族人口多的地区公共物品投资项目数量和规模少。虽然在 2008~2011 年，少数民族人口最多的 20%的村和最少的 20%的村的差距在缩小，但少数民族地区在公共物品投资项目上还是相对落后，相关政策实施的力度并不明显。

表 6-1　项目投资数量与投资金额和目标要素的相关性分析

	由低到高五等分组	2004 年（1998~2004 年投资项目）		2007 年（2005~2007 年投资项目）		2011 年（2008~2011 年投资项目）	
		项目总数（个）	每村平均每年项目资金（万元）	项目总数（个）	每村平均每年项目资金（万元）	项目总数（个）	每村平均每年项目资金（万元）
村全年人均纯收入	1	138	8.69	126	20.51	65	28.26
	5	171	13.72	136	18.69	97	38.15
村委会到乡镇距离	1	161	16.98	127	21.46	129	41.74
	5	149	11.03	137	18.98	118	40.67
少数民族人口	1	150	17.20	127	19.20	109	42.28
	5	104	11.55	80	31.03	101	41.10

续表

	由低到高五等分组	2004年（1998~2004年投资项目）		2007年（2005~2007年投资项目）		2011年（2008~2011年投资项目）	
		项目总数（个）	每村平均每年项目资金（万元）	项目总数（个）	每村平均每年项目资金（万元）	项目总数（个）	每村平均每年项目资金（万元）
村委会到最近柏油路/水泥路距离	1	160	14.43	163	20.97	141	43.22
	5	129	8.04	89	20.18	68	17.66
总人口数	1	112	11.54	103	18.13	88	32.29
	5	162	15.33	141	16.27	107	28.48
相隔最远两个村民小组间距离	1	106	11.05	95	23.20	97	49.16
	5	166	11.86	120	26.24	133	39.90
有自营工商业的户数	1	144	10.72	130	17.43	77	18.24
	5	132	12.44	134	21.83	131	61.29
在外打工劳动力人数	1	145	12.83	165	35.17	109	71.38
	5	138	13.29	106	16.05	104	22.98
人均耕地（亩）	1	167	15.19	149	31.93	122	49.98
	5	103	9.84	87	24.82	84	28.18
有效灌溉面积	1	143	10.64	135	22.17	108	48.85
	5	132	17.98	141	40.21	117	47.31
本村出去的人在乡镇当干部	1	112	9.79	122	16.90	94	26.98
	5	161	20.59	168	19.20	105	59.25
本村出去的人在县及县以上当干部	1	154	14.33	132	29.50	93	40.31
	5	134	15.39	143	18.47	106	34.97

资料来源：中国科学院农业政策研究中心调查。

从本书的数据看，没有发现公共物品投资在向贫困地区倾斜。人均收入较高的村，在投资数量和投资规模上都全面领先于人均收入较低的村。原因是较富裕的地区可以依靠村自己的投资来完善当地的基础设施和基本公共服务。

地区的区位优势和村庄规模大，明显使当地获得更多的公共物品投资。距离乡镇较近和距离水泥或柏油路近的地区获得了更多的公共物品投资项目，投资规模也相对较高。可以理解为这些地区由于地理上的优势，可以用更低的成本获得同样的公共物品投资。总人口较多和村庄规模较大的村庄也获得更多的投资，因为更多的人相应地需要更多的基础设施和公共服务。村庄规模大意味着这个村是大村。而大村通常需要多投资一些公共项目，比如即便是实施了农村小学布局调整，大村还是保留完全小学供附近村庄的孩子上学。另外，大村的交通等基础设施通常较好，也更方便相关项目的投资。

需求方面的因素也影响着公共物品投资项目的投向。自营工商业的农户比例较高的村在 2005 年以前并没有得到明显更多的公共物品投资项目，但到了 2008 年和 2011 年，自营工商业的农户比例较高的村明显具有更多的公共物品投资项目。在外打工的人数越多，村庄公共物品投资项目越少。因为这些人不在村内居住，因而不太关心本村基础设施和公共服务的情况。值得注意的是，人均耕地更多，较多的村公共物品投资项目反而较少，但有效灌溉耕地比例多少和公共物品投资项目数量并无明显关系。其他一些因素也对公共物品投资项目多少产生影响。比较有趣的是，村里在乡镇当干部的人越多，那么本村会得到更多的公共物品投资项目和资金。但在县以上机关当干部对村庄公共物品投资项目影响并不明显。

很多学者研究了农村人口特征以及村社会经济特征对农村公共物品投资的影响（张晓波等，2003；Zhang 等，2006；罗仁福等，2006）。他们的工作大都肯定了村庄的人口和部分社会经济特征会影响农村公共物品投资。但由于研究的时间限制，这些研究只包含了短期的横截面数据的结果，而十多年来公共物品投资经历了不同的发展时期，村庄的一些特征是否仍然对公共物品投资具有显著的影响，则需要继续探讨。因此本章的分析是从实证研究的角度对该领域已有研究进行一个重要补充。

本节的变量设定，继续遵循前文相关分析的结果，将影响村庄公共物品投资的影响因素分为目标要素和需求要素。目标要素包括村人均收入、少数民族人口比例、村委会到乡镇政府距离、村委会到最近水泥路距离、总人口和村内相隔最远的两个小组之间距离。需求要素包括村集体企业个数、具有自营工商业农户占总农户的比例、外出打工人员占总村庄劳动力比例、村庄人均耕地面积和有效灌溉面积占总耕地面积比例。另外，根据相关分析结果，增加本村出去的人在乡镇当干部人数和本村出去的人在县及县以上当干部的人数。

考虑到模型设定中的内生性，使用面板数据模型分析，数据的三个时间点分别是1997年、2004年和2007年。相应因变量设定为1998~2004年、2005~2007年、2008~2011年101个村庄公共物品投资项目。包括总公共物品投资项目数量、完全由上级出资的公共物品投资项目数量、总公共物品投资的资金总额、上级投资的项目资金额占全部项目资金金额的比例四项。区分全部公共物品投资项目和来自上级投资的项目原因是这两类项目可能有不同的决定因素。自变量为前述中所有的目标因素和需求因素。另外，考虑到人均收入和公共物品投资之间可能具有非线性关系，自变量加入人均收入的二次项来分析。考虑到有些样本村没有完全由上级投资的项目，因此在完全由上级出资的公共物品投资项目数量和上级投资的项目金额占全部项目金额的比例做因变量的模型中，使用了面板Tobit模型进行分析，而以总公共物品投资项目数量和总公共物品投资的资金总额模型中，使用了随机效应面板数据模型进行分析，模型中估计使用了稳健标准误。

二、模型估计结果的讨论

表6-2列出了四个模型的估计结果。模型（1）、模型（2）、模型（3）、模型（4）是分别以总公共物品投资项目数量、完全由上级出资的公共物品投资项目数量、总公共物品投资的资金总额、上级投资的项目资金额占全部项目资金金额的比例为因变量的估计结果。估计结果与前文的描述统计结果相似，村庄人均收入和少数民族人口所占比例和村庄公共物品投资没有显著的相关关系。没有发现村人均收入与村公共物品投资存在显著的非线性关系。

表 6-2　1998~2011 年村庄公共物品投资影响因素模型估计结果

自变量	因变量			
	(1)	(2)	(3)	(4)
	总公共物品投资项目数量	完全由上级出资的公共物品投资项目数量	总公共物品投资的资金总额	上级投资的项目资金额占全部项目资金金额的比例
目标要素				
村人均收入（元）	-0.00 (0.000)	-0.00* (0.000)	0.01 (0.025)	0.00 (0.000)
村人均收入的平方	0.00 (0.000)	0.00 (0.000)	0.00 (0.000)	-0.00 (0.000)
村少数民族人口比例（%）	-0.03 (0.734)	0.14 (0.873)	145.13 (96.668)	0.08 (0.220)
村委会到乡镇政府距离（千米）	0.02 (0.047)	0.04 (0.046)	1.84 (2.906)	-0.00 (0.008)
村委会到最近的水泥路的距离（千米）	-0.00 (0.019)	-0.00 (0.014)	-2.02 (1.378)	0.00 (0.005)
总人口数（人）	0.00 (0.000)	0.00 (0.000)	0.00 (0.018)	-0.00 (0.000)
相隔最远的两个村民小组间距离（千米）	0.20** (0.089)	0.09 (0.091)	10.45* (5.702)	0.01 (0.014)
需求要素				
村集体企业个数（个）	-0.01 (0.065)	-0.10 (0.071)	-2.21 (3.670)	-0.02 (0.025)
村自营工商业农户比例（%）	-2.96 (1.806)	-1.15 (1.277)	254.81 (206.097)	-0.37* (0.220)
外出打工人员占村劳动力比例（%）	-2.47** (0.966)	0.37 (0.823)	-119.55 (75.913)	0.31** (0.154)
人均土地面积（亩）	-0.61*** (0.095)	-0.41*** (0.092)	-30.28*** (7.649)	-0.04 (0.033)
有效灌溉耕地占总耕地面积比例（%）	-0.95* (0.563)	-1.87*** (0.536)	-93.44** (47.004)	-0.26*** (0.094)

续表

自变量	因变量			
	(1)	(2)	(3)	(4)
	总公共物品投资项目数量	完全由上级出资的公共物品投资项目数量	总公共物品投资的资金总额	上级投资的项目资金额占全部项目资金金额的比例
其他要素				
本村出去的在乡镇政府工作的人数（人）	0.09 (0.068)	0.04 (0.039)	3.51 (4.782)	0.00 (0.007)
本村出去的在县级以上政府工作的人数（人）	-0.00 (0.059)	0.06 (0.046)	2.74 (3.445)	0.01** (0.006)
截距项	8.77*** (0.653)	4.01*** (0.607)	171.63*** (40.882)	0.37*** (0.122)
调整 R 方	0.18		0.1	
观测值个数（个）	303	303	303	303

资料来源：中国科学院农业政策研究中心调查。括号内为标准误。* 表示在 10%的水平上显著；** 表示在 5%的水平上显著；*** 表示在 1%的水平上显著。

其他变量的估计结果表明，大部分变量在统计上并不显著。较为显著的变量是相隔最远的两个村民小组的距离。这个变量对村庄公共物品投资项目总数量和总金额具有显著的正影响，但是和完全由上级投资的项目没有显著的关系。这表明规模较大的村会更多地自己投资公共项目，而上级在对农村投资时，并没有以村庄规模的大小作为考虑的依据。另外，值得关注的变量是外出打工人员占村劳动力比例，回归发现外出打工人口对村庄公共物品投资的项目是显著的负相关关系。这一点与前面描述分析的发现一致。另一发现是外出打工人口比例和上级投资项目的规模成正相关关系，表明本村外出打工的人越多则上级投资的项目规模越大。

在几个模型中都比较显著的变量是人均耕地面积和有效灌溉耕地占总耕地面积的比例。表明人均耕地面积越大、有效灌溉耕地面积比例越高则公共物品投资的项目和金额就越少。这一发现和张林秀等（2005）的发现一致，可见耕地面积是村里和上级进行公共物品投资的主要考虑因素，而且多年来一直如此，表明耕地面积和公共物品投资项目这一负相关关系是比较稳健的。

本村在政府工作的人员并没有对村公共物品投资项目产生影响。在描述分析中，看出本村在乡镇工作的人员越多会增加本村公共物品投资项目。但是在总体项目和上级投资项目的回归模型中并没有得到显著的结论。这表明在政府工作的人员与村公共物品投资项目没有显著相关关系。这与 Zhang 等（2006）的发现不一致，可能的原因是这些因素没有长期的影响，另外面板数据模型控制了随时间不变的因素，因而得出了不同的结论。

本章小结

在这一章里，本书利用了全国 101 个样本村 1998~2011 年共 14 年的村公共物品投资项目数据和 1997 年、2004 年、2007 年村人口和社会经济情况数据，分析了公共物品投资项目数量的分布、投资金额的分布以及对村庄公共物品投资的影响因素。研究发现，村与村之间公共物品投资项目数量和投资金额有很大差距，而来自上级投资的项目在村庄间分布更加不平均，一半的样本村三年都没有一个来自上级的投资项目。

虽然描述分析发现许多因素和公共物品投资项目之间存在着相关关系，但是回归分析的估计结果表明，村庄的人均收入和少数民族人口比例与村庄公共物品投资项目没有明显相关关系。村里在上级政府工作的人员与村公共物品投资项目也没有明显的相关关系。这表明政府公共物品投资项目并没有向贫困和少数民族地区倾斜，但上级政府工作的人员也没有特别照顾自己所在村子的证据。

多年来，对村庄公共物品投资有显著影响的是村人均耕地面积和有效灌溉耕地面积比例，分析表明人均耕地面积越多，有效灌溉耕地面积越大，公共物品投资项目越少。这一关系在多年的分析中保持稳定。这些结论表明，我国政府在今后促进农村地区公共物品投资、统筹城乡和区域发展上还面临着巨大的挑战。

第七章 农村公共基础设施的发展变化及质量的决定因素分析

第一节 引 言

世界发展报告（2004）指出，发展是关于人的发展，需要关注基础服务，并寻求使之有利于穷人的途径（世界银行，2004）。通过前面三章的分析已经得知十多年来公共物品投资的时空变动趋势和影响因素，这一章的主要目的是分析这些投资给农村基础设施和服务带来了什么样的变化。为了完成这一目标，本章将致力于从农村公共物品投资效果的角度即从农村基础设施和公共服务多年来发展变化的角度，探讨我国今后农村公共基础设施建设过程中需要着重注意和解决的问题。

国家近年来对农村的大力投资，确实显著改变了农村公共基础设施的总体状况。从国家层面的数据看，2007～2010 年全国新改建农村公路 121.8 万千米，建成通乡油路 7.89 万千米，通村油路 35.16 万千米。截至 2010 年底，我国农村公路总里程达到 365 万千米，实现乡镇公路通达率 99.5%，通畅率 89.87%；建制村公路通达率 92.96%，通畅率 70.49%（惠恩才，2012）。“十一五”期间，全国净增灌溉面积 5600 多万亩，改善灌溉面积 1.9 亿亩，新增节水能力 189 亿立方米（中国网，2012）。

上述变化迫切要求今后的投资策略能够快速做出反应，使投资能够针对不同基础设施状况进行调整。不少文献描述了农村基础设施的状况，得出的结论对制定农村的公共物品投资策略、确定农村公共物品投资的优先顺序具有一定的参考价值（李强等，2006；姜涛，2012）。但这些研究限于调查时限，只分析了调查期间农村基础设施的状况。罗仁福等（2011）考察了1997~2007年样本农村基础设施的变迁，但没有涵盖新农村建设开始后农村基础设施发展变化情况。

本章将在详细描述1997~2011年样本村公共基础设施和公共服务的基础上，探讨农村公共基础设施建设中存在的问题，并以道路投资为例，分析基础设施质量的影响因素。以期为今后农村公共物品投资策略的制定提供决策参考。

本章使用来自中国科学院农业政策研究中心在2003年、2005年、2008年和2012年四次对样本村开展实地跟踪调查所收集的101个样本村的数据。包含了样本村公共基础设施和公共服务的基本信息。具体而言，在道路公共基础设施方面，收集了样本村外部道路和交通环境的信息，以及村内道路状况信息；在灌溉方面，收集了灌溉水源及其供水保障系统质量等方面的情况；在生活用水方面，收集了生活用水水源、供应方式和设施质量的基本情况；在其他方面，还收集了农村环境卫生和农村文化、娱乐、培训等基础设施的基本情况。在道路质量数据的收集方面，项目请相关专业工程师参照国家公布的相关工程质量检验评定标准，专门设计出系统的工程质量评估表，并对道路项目评估员进行了系统培训，确保评估员对道路质量的评定标准一致。

第二节　农村基础设施与基本公共服务的发展

一、农村道路设施发展

通过调查数据可以看到，样本期间我国农村村外道路环境有了极大的改善。农村距离高速公路、国道、省道和县道的距离变得更近了。样本村距离最近的高速公路的平均里程从 1997 年的 146 千米减少到了 2007 年的 39 千米，2011 年进一步缩短到 22 千米。从分布状况看，离最近的高速公路距离大于 100 千米的村庄数目显著降低，越来越多的村庄享受到了高速公路带来的便捷。1997 年有近 60%的村庄在 100 千米之外才有高速公路，到 2004 年这一比例下降到了 16%，到了 2011 年只有 4%的村庄距离最近的高速公路距离大于 100 千米，如表 7-1 所示。

表 7-1　样本村村外道路及交通改善情况

	1997 年	2004 年	2007 年	2011 年
村里离最近高速公路的平均距离（千米）	146	70	39	22
离最近高速公路距离大于 100 千米的村庄比例（%）	57	16	5	4
村里离最近国道的平均距离（千米）	38	33	20	20
离最近国道距离大于 50 千米的村庄比例（%）	16	16	10	7
村里离最近省道的平均距离（千米）	30	32	14	11
离最近省道距离大于 25 千米的村庄比例（%）	23	20	12	13
村里离最近县道的平均距离（千米）	7	5	4	4
县道中柏油/水泥路的比例（%）	70	92	99	100

资料来源：中国科学院农业政策研究中心调查。

相比高速公路建设的快速发展，样本村到国道的通达性在近些年提高缓慢。1997 年样本村距离最近的国道平均里程是 38 千米，到 2007 年下降到 20 千米，10 年之间减少了将近一半，但随后的几年基本没有改善。距离国道 50 千米以上的村庄比例从 1997 年和 2004 年的 16%下降到了 2007 年的 10%，到 2011 年进一步降低到了 7%。

省道的建设力度相对于国道来说要大（见表 7-1）。村庄离最近的省道距离从 1997 年的 30 千米下降到 2011 年的 11 千米，距离省道大于 25 千米的村庄比例也从 1997 年的 23%下降到 2007 年的 12%，2011 年这一比例稍有上升，达到 13%。这种状况是由于一些地方的省道升级改造成为国道造成的。

县道的发展状况与国道类似（见表 7-1），首先经历了一个快速发展阶段，而后进入停滞期。样本村离最近县道的距离从 1997 年的 7 千米下降到 2007 年的 4 千米，而在 2007 年之后变化不大，仍维持在 4 千米左右的距离，但县道的硬化速度和质量持续提高。1997 年只有 70%的县道是柏油路或水泥路，到 2004 年这一比例上升到 92%，2007 年上升至 99%，在 2011 年所有县道都完成了道路硬化。

随着《全国农村公路建设规划》的通过和“五年千亿元”工程的实施，样本村村内的道路交通情况有了明显改善，村级道路硬化工作也取得了长足进展。根据道路路面材料的不同，本文将村内道路分成水泥路、柏油路、砂石路和土路四类。调查结果表明（见表 7-2），1997 年仅有 3%的行政村有水泥路，到了 2011 年 84%的行政村都通了水泥路。水泥路的平均长度也从 1997 年的 0.02 千米快速增加到 2011 年的 4 千米。柏油路建设的速度比水泥路稍慢，1997 年样本村平均水泥路长度为 0.1 千米，2011 年增加到了 1.1 千米。样本村砂石路和土路的长度则有了明显的减少，1997～2011 年，分别减少了 50%和 52%。减少的砂石路和土路一部分已经升级硬化，另一部分则因为村庄内部调整，已经不再使用。

表 7-2　村内道路发展情况

单位：千米

	1997 年	2004 年	2007 年	2011 年
村内水泥路平均长度	0.02	1.00	2.90	4.00
村内柏油路平均长度	0.10	0.20	1.00	1.10
村内砂石路平均长度	1.60	2.00	1.60	0.80
村内土路平均长度	4.80	4.60	3.90	2.30
村内各种类型道路平均总长度	6.52	7.80	9.40	8.20

资料来源：中国科学院农业政策研究中心调查。

样本村内道路状况的改善不仅是长度变化，路面宽度也有显著增加（见表 7-3）。行政村内单车道和多车道的硬化长度都有显著提高。1997 年仅有

6%的双车道道路得到硬化，2004 年这一比例达到了 31%，2007 年则迅速增加到 80%，截至 2011 年这一比例已经达到 90%。调查的数据也符合农村调研过程中作者的亲身体验，硬化的道路绝大多数是单车道水泥路，2011 年样本村单车道水泥路已经达到 2.7 千米，远多于多车道水泥路。多车道硬化路面目前仍然以水泥路为主。多车道柏油路硬化速度在 1997~2007 年增长较快，从 0.1 千米增加到 0.8 千米，但 2007~2011 年基本没有变化。造成这一现象的可能原因是，水泥路相对于柏油路而言，虽然初期造价较高，但施工简便，使用周期长且维护费用低，适合乡村间和村组道路硬化的实际需要。

表 7-3　村内不同类型道路改善情况

单位：千米

	1997 年		2004 年		2007 年		2011 年	
	单车道	多车道	单车道	多车道	单车道	多车道	单车道	多车道
村内水泥路平均长度	0.02	0.00	0.60	0.40	2.40	0.40	2.70	1.20
村内柏油路平均长度	0.01	0.10	0.04	0.20	0.10	0.80	0.30	0.80
村内砂石路平均长度	1.00	0.70	1.20	0.80	1.40	0.20	0.80	0.10
村内土路平均长度	4.00	0.80	4.10	0.50	3.80	0.10	2.20	0.10
村内各种类型道路平均总长度	5.03	1.60	5.94	1.90	7.70	1.50	6.00	2.20

资料来源：中国科学院农业政策研究中心调查。

二、农村灌溉设施发展

天然的灌溉水源可分成地表水和地下水两部分。我国南方地区和主要灌区多采用地表水源，而北方地区和一些缺水地区多采用地下水源。总体来说，灌溉系统包括取水、输水、配水和相关设施等部分，是一个复杂系统。调查数据表明，我国农村的农业生产灌溉条件改善相对缓慢，投资力度不够。

从地表水灌溉水源看（见表 7-4），农村地表灌溉用水主要来自河流、排灌站、水库和塘坝，其他如闸坝、泉水和水窖等水源则起到补给作用。地表灌溉水源中，河流、排灌站数量在1997~2007年的十年间增加了16%，达到195座，而到了2011年又减少到153座。四年间减少了约27%。减少的部分原因是设施缺乏维护，难以维持运转。从水库情况看，101个样本村中平均水库数量从1997年的16个下降到2007年的13个，2011年又增加到20个。塘坝数量则在1997~2004年有小幅增加，2007年又回复到1997年的水平，2011年又有大幅度增加。上述结果显示，大型的灌溉设施如河流、排灌站和水库的总数，基本没有大的变化，而小型灌溉设施如塘坝、闸坝、水窖等，数量增加比较快，说明大型灌溉设施不能满足农村灌溉用水的需要，样本村不得不采用小型水利设施来补充。

表7-4　样本村地表灌溉用水水源总量情况

单位：个，条，座

	1997年	2004年	2007年	2011年
河流、排灌站总数	168	168	195	153
水库总数	16	16	13	20
塘坝总数	333	374	336	488
闸坝总数	11	20	6	6
泉水总数	4	4	1	9
水窖总数	3	5	26	43

资料来源：中国科学院农业政策研究中心调查。

从灌溉保障条件上看（见表7-5），虽然农村的河流、排灌站数量在2011年有所减少，但全年保证有水比例提高到了92%。水库全年有水比例在2011年也增加到了95%。但塘坝的用水保证率有显著下降，到2011年只有30%，远小于1997年和2004年，类似情况也发生在水窖水源中。表明农村小型水利设施单纯依靠数量增长，效率境况堪忧。

表 7-5 村地表水灌溉用水水源全年有水比例

单位：%

	1997 年	2004 年	2007 年	2011 年
河流、排灌站	80	88	58	92
水库	63	63	92	95
塘坝	55	51	32	30
泉	100	100	0	100
水窖	100	80	0	2

资料来源：中国科学院农业政策研究中心调查。

进一步分析表明，除了气候等客观因素外，导致农村地表灌溉水源灌溉保障条件变化的原因主要是灌溉水源能否有效补水（水源补水线）和水源淤积等方面的问题。调查数据显示，样本村排灌站水源补水线比例在 2011 年有显著下降（见表 7-6），只有 45%左右的排灌站有可靠的水源补水线。水库和塘坝的水源补水线状况则有一定程度的改善。尤其是塘坝，提高较快，这也是塘坝水源数量增加且全年有水比例尚能维持在 30%的重要原因。

表 7-6 村地表灌溉用水补水线、淤积渠系和地下水灌溉情况

	1997 年	2004 年	2007 年	2011 年
有水源补水线比例（%）				
排灌站	70	79	79	45
水库	50	50	69	75
塘坝	4	2	0	16
水源淤积情况（%）				
河流、排灌站	19	37	26	33
水库	38	44	7	25
塘坝	38	62	75	81
村地下水灌溉设施情况				
机井总数（个）	462	550	1396	1313
平均地下水位数（米）	32	50	33	49

资料来源：中国科学院农业政策研究中心调查。

调查数据还表明，农村地表灌溉水源淤积情况严重。河流、排灌站和水库的淤积态势在2004~2007年有所遏制，但在2007~2011年又有所抬头（见表7-6）。部分淤积严重的排灌站由于缺乏有效维护，已经无法运行。而塘坝等小型灌溉设施淤积状况则在持续恶化中。具体来说，1997年淤积程度严重的塘坝只有38%，到了2011年这一比例上升至81%。这一状况亟须引起各级政府和水利部门的重视。

从地下水灌溉情况看，机井的数量有所增加，样本村的灌溉条件仍然不容乐观（见表7-6）。1997年机井个数是462个，2011年增加到了1313个，数量增加不仅反映了农村灌溉设施的改善，同时也意味着农村地下水资源在不断恶化，地下水位正在下降。这一点从调查数据中可以看到，样本村机井的平均地下水位从1997年的地下32米下降到了2011年的地下49米。

三、农村生活用水设施发展

农村居民的生活用水条件在样本期间有明显的改善，但提供安全卫生的生活用水仍然是今后农村公共服务体系将要面临的巨大挑战。从样本村的供给水源情况看（见表7-7），截至2011年，拥有自来水的样本村已经超过一半，比1997年有显著提高。使用机井水作为生活用水水源的样本村的比例也超过了50%，相比之前也有了很大提高。相对应地，拥有压水井水的村庄比例就有所下降。而以手提井水、水窖等水源作为生活用水的村庄比例在1997~2007年有所下降，但在2007~2011年又有所上升。

表7-7　生活用水来源拥有比例

单位：%

	1997年	2004年	2007年	2011年
自来水	30	50	49	53
机井水	34	50	46	51
压水井水	34	24	24	22
手提井水	35	31	15	20

续表

	1997 年	2004 年	2007 年	2011 年
泉水	9	13	21	11
水窖、池塘或河流水	11	6	9	11

资料来源：中国科学院农业政策研究中心调查。

从农户对农村生活用水水源的实际使用情况看，使用集中供应的自来水和机井水的农户比例有显著增加（见表 7-8）。截至 2007 年，拥有自来水和机井水两类生活用水水源的农户达到了 80%，较之前年份均有所提高。泉水的拥有比例自 1997 年开始增加，2007 年后有小幅下降，截至 2011 年这一比例是 4.2%。使用便捷性较低的压水井水和手提井水的农户比例下降了 3/4，从 1997 年的 47%下降到 2011 年的 12%。使用较少经过消毒和过滤的水窖水、池塘或河流水的农户比例是所有水源中最少的，在 2004 年和 2007 年只有不到 2%的农户在使用。到了 2011 年使用的农户比例小幅增加到 3%。

表 7-8 农户生活用水源拥有比例

单位：%

	1997 年	2004 年	2007 年	2011 年
自来水	28.8	42.7	44.9	50.0
机井水	14.9	28.5	32.7	30.9
压水井水	17.7	9.3	10.5	8.9
手提井水	29.4	14.0	4.1	3.0
泉水	3.1	3.8	6.8	4.2
水窖、池塘或河流水	6.1	1.7	1.0	3.0

资料来源：中国科学院农业政策研究中心调查。

生活用水水源的情况还体现在其他诸如消毒、过滤等方面。调查数据显示，由供水企业和村委会集中供水的样本村的比例在稳步上升。但仍需要注意生活用水水质安全控制问题，如普遍存在的现象是在供水过程中缺乏消毒和过滤设施。本书的调查还发现（见表 7-9），2011 年样本村生活用水有异色异味的比例仍然占比 11%，有肉眼可见物的比例高达 15%。更严重的是没有受到污染的水源比例从 1997 年的 85%下降到 2007 年的 72%，虽然 2011 年略有上升至 82%，但这仍然表明农村生活用水安全问题还有待进一步解决。

表 7-9　村生活用水供给与水质情况

单位：%

	1997 年	2004 年	2007 年	2011 年
企业或集体提供生活用水服务比例	38	40	45	49
生活用水供应设施较差比例	25	14	14	15
生活用水供应中有消毒设施比例	22	24	18	21
生活用水供应中有过滤设施比例	22	26	18	27
生活用水有肉眼可见物比例	22	22	17	15
生活用水有异色、异嗅或异味比例	19	20	25	11
生活用水水源未受污染比例	85	80	72	82

资料来源：中国科学院农业政策研究中心调查。

四、农村其他设施发展

虽然道路、灌溉和生活用水投资是农村公共物品投资最主要的领域，但需要更加关注村里的公共服务提供状况。调查数据发现，其他一些农村基础设施建设也需要得到更多关注（见表 7-10）。相比 1997 年的状况，2011 年约有 14%的村庄建立了简单的排污系统，更令人可喜的是这些样本村在各个省均有分布。在生活污水处理方面，样本村十几年来普遍改进不大，截至 2011 年只有 7%的样本村有处理设施，但也仅仅是简单处理。越来越多的样本村开始处理生活垃圾，截至 2011 年有 1/3 的村通过修建垃圾堆放点将垃圾集中收集，再定期运走集中销毁。在 2011 年有约 1/3 的村庄提供村内街道定期打扫这一服务，相比 2007 年增加了 14%。另一个值得关注的是农户培训/活动中心的建设，2011 年有近 40%的样本村有农户培训/活动中心，仅比 2007 年增加了 5%，还远远不能满足农民的实际生活需要。

表 7-10　样本村的其他公共基础设施

单位：%

	1997 年	2004 年	2007 年	2011 年
排污系统	0	3	9	14
生活污水处理	0	1	7	7
生活垃圾收集处理	1	14	30	33
街道打扫	2	8	19	33
农户培训/活动中心	15	24	34	39

资料来源：中国科学院农业政策研究中心调查。

第三节　农村基础设施质量的决定因素
——以道路为例

前文通过数据了解到了公共基础设施和公共服务的发展变化，但前面的变化分析多是从数量变化的角度，而质量的改善也是一个重要的方面。世界发展报告（1994）指出，根据国际经验良好的基础设施管理不仅包括了增加基础设施数量，还包含提高基础设施质量。报告进一步强调了针对道路的投资常常因为较差的质量造成了巨大的浪费。

国际上相关研究表明，高质量的道路基础设施将能显著减少农村贫困发生率，提高农民非农就业水平，提高农民上学的比率。（Dercon 等，2009；Escobaland Ponce，2001；Khandker 等，2009；Warr，2005；Yamauchi 等，2009）。接下来一个问题是什么样的因素影响着基础设施提供的质量呢？Liu 等

（2009）发现，中国农村基础设施的质量会因基础设施规模扩张而降低；Wong 等（2013）认为，农村道路质量与由上级政府部门出资修建呈正相关关系，而与村领导监督管理呈负相关关系。但这些研究由于时间限制仅仅分析了 2007 年之前的道路质量变化，并没有追踪近年来道路质量的变动趋势。

本节内容主要是利用 2008 年以来，101 个样本村新修道路的信息，分析道路质量是否因为道路规模扩张而下降。首先描述分析样本村新修道路质量情况，再次分析道路质量是否受到规模扩张的影响，影响因素同样考虑上级政府部门出资和本村对道路项目的监督管理。

一、道路质量的统计描述

根据前面的分析，农村道路规模经历了快速增加，修建了更多水泥路和柏油路。虽然硬化道路里程有所增加，但不同水泥路和柏油路质量却不尽相同。为了测度不同道路的质量，本研究聘请了相关专家，创建了一个对道路的评估体系对每条道路进行打分。评估内容包括路线（如每百米道路弯道数量）、路基（如年通车天数）、路面（如路面材质与厚度）以及村民对这条道路的意见（如道路是否有塌方、滑坡）。每一方面内容都有一个相应分数段，例如，道路宽 2.5 米得 60 分、宽 3 米得 70 分等。每一方面评估结束后，都有一个相应权重，每一方面得分乘以权重就是一方面的最后得分，将每一方面最后得分加总，即得到该条道路最后的标准得分，满分是 100 分。

考虑到在平原和山地修建同样的道路所需要的花费不同，另外，项目本身复杂程度也有区别，而且村民是否参与项目也会影响到项目的质量，因此，本书根据项目实施的地理特征，项目本身复杂性，当地农户参与和实施项目的程度三项对道路标准得分做了调整。每一项调整权重在 1~1.5，因此道路调整得分的范围是 0~450 分(道路标准得分×(地理特征+项目复杂性+农户参与度))。调整因子的分布见表 7-11。

表 7-11　道路项目质量调整因子平均值分布

省份	地理因素调整因子	复杂性调整因子	农户参与调整因子	调整权重
江苏	1.03	1.00	1.21	3.24
四川	1.26	1.07	1.39	3.73
陕西	1.30	1.19	1.23	3.69
吉林	1.25	1.35	1.05	3.65
河北	1.00	1.02	1.03	3.05

资料来源：中国科学院农业政策研究中心调查。

通过将道路质量标准得分的均值分省份作图可以发现（见图 7-1），陕西省和江苏省的样本村道路得分都在 75 分左右，比相对较低的吉林省与河北省样本村道路质量得分高出了 10 分。四川省的样本村道路质量则处于中间位置，但是 66 分的得分还是相对较低。

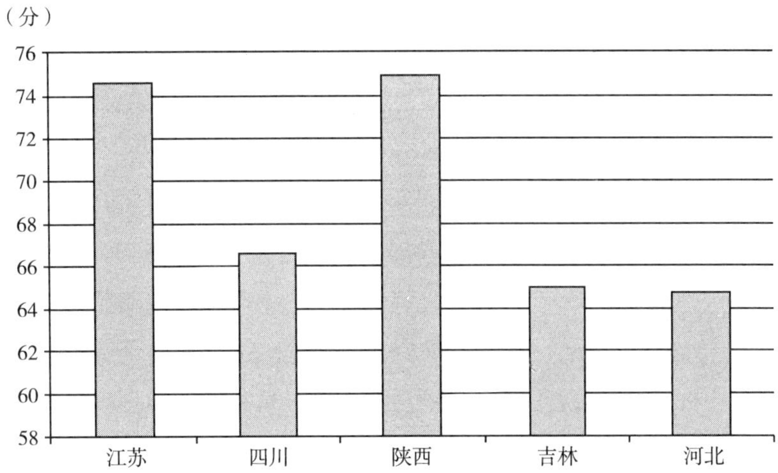

图 7-1　道路质量标准得分省际分布

将道路质量调整得分的均值分省份作图可以发现（见图 7-2），省际之间道路质量的名次发生了变化。陕西省样本村道路质量依然排在首位。道路质量排在第二位的是四川省的样本村。原因是四川省的道路根据地理、项目本身和农户参与程度的原因，调整因子权重最高。江苏省样本村道路质量得分只排在第三位。吉林省和河北省样本村道路质量仍然排在最后，但经过质量得分调整后，吉林省和河北省样本村道路质量的差距变大了。

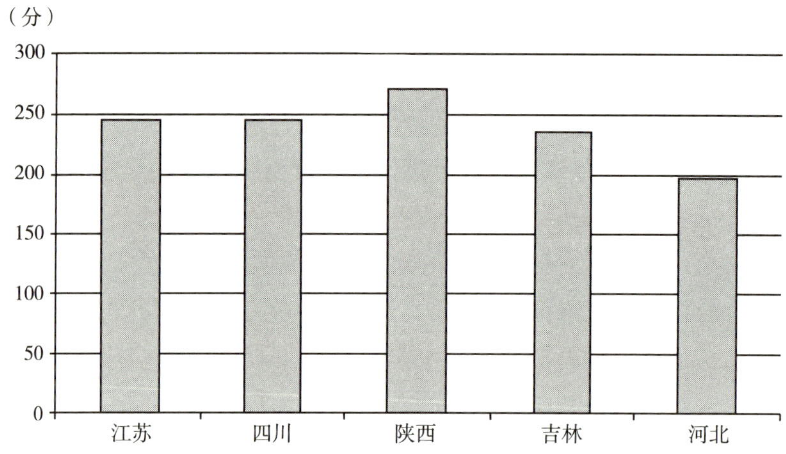

图 7-2　道路质量调整得分省际分布

二、道路质量和道路规模的回归分析

本小节的目的是验证道路的质量是否因为道路规模的增加而降低的假设。为此，本书分两个不同角度检验这一假设。第一个是检验道路质量和道路的规模在村庄内是否具有负相关关系。换言之，就是假设村庄修了两条路，是否投资大的道路项目就比投资小的项目质量好，这个是村内部的比较。第二个是检验一个村庄投入了更多的资金在道路项目上是否导致该村道路整体质量的下降，这个是村与村之间的比较。

检验村庄内是否存在村庄道路规模和质量负相关关系。主要通过回归分析识别道路得分和项目投资总额是否存在负相关关系。在模型（1）的设定中，仅考虑道路项目投资总额一个变量对道路标准得分的影响。这样设定的目的是先获得规模和质量二者关系的简单判断，可以为下面进一步了解二者之间关系提供一些基本的参考。模型（2）的设定中，加入了道路修建时间，投资资金来源，上级部门管理、监督和村里负责实施等变量，从而减少可能存在的内生性偏误。模型（3）和模型（4）的设定和前两个模型设定一样，区别在于后两个模型采用了道路的调整得分作为因变量。

表 7-12 详细报告了对上述模型进行分析的普通最小二乘回归结果。估计结果显示在加入了道路修建相关变量后，模型的整体拟合度较好，调整 R 方为 0.3 和 0.2。不论是使用道路标准得分还是道路调整得分，两模型中投资规模和道路质量都呈显著正相关关系。虽然投资总额变量的系数较小，但是这和投资总额的单位是万元有关。回归结果表明平均而言，村内道路项目的投资额越高则项目的质量越好。这一结论与前面描述分析的发现一致。

表 7-12　村内道路项目投资总额和道路质量回归结果

	因变量			
	(1)	(2)	(3)	(4)
	道路标准得分	道路标准得分	道路调整得分	道路调整得分
投资总额（万元）	0.00*** (0.001)	0.00*** (0.001)	0.02*** (0.004)	0.01*** (0.004)
道路修建时间		-1.19 (0.809)		-3.11 (3.613)
完全上级投资（万元）		-0.29 (2.153)		-4.50 (10.470)
完全由村里投资（万元）		-3.60 (2.489)		-20.56* (10.505)
完全由上级部门管理		0.96 (2.051)		9.94 (11.309)
村庄负责实施项目		-9.75*** (3.233)		-31.95** (14.850)
由上级部门监督		6.83*** (2.209)		16.89 (12.084)
截距项	69.45*** (1.091)	2466.86 (1626.167)	244.94*** (4.716)	6506.32 (7259.210)

续表

	因变量			
	(1)	(2)	(3)	(4)
	道路标准得分	道路标准得分	道路调整得分	道路调整得分
观测值	115	115	115	115
调整 R 方	0.068	0.310	0.056	0.200

资料来源：中国科学院农业政策研究中心调查。括号内为标准误。* 表示在 10%的水平上显著；** 表示在 5%的水平上显著；*** 表示在 1%的水平上显著。

另一个值得注意的是，回归结果显示如果村庄负责实施项目会降低项目质量。完全由村庄负责实施的项目比完全由上级政府实施的项目质量标准得分低于 9.75 分，调整得分低于 31.95 分，并且都在 5%的水平上显著。可能的原因是村庄施工队主要由村民组成，水平比专业的施工队要差很多，另外村级层面对管理施工标准方面缺乏优势，导致道路项目质量较低。

为了验证结果的稳健性，下面使用新修道路的长度和 2007 年村庄已建成同类型道路里程作为道路规模的测度变量；再次分析道路规模的扩张和道路质量是否存在负相关关系，因变量都采用道路调整得分，所得结果如表 7-13 所示。

表 7-13　村内已建道路里程与新修道路长度和道路质量的回归结果

	因变量			
	(1)	(2)	(3)	(4)
	道路调整得分	道路调整得分	道路调整得分	道路调整得分
投资总额	0.01*** (0.004)		0.01*** (0.004)	0.01*** (0.004)
道路修建时间	-3.11 (3.613)	-2.55 (3.778)	-3.17 (3.630)	-2.95 (3.620)
完全上级投资	-4.50 (10.470)	-1.13 (10.449)	-4.72 (10.521)	-4.15 (10.575)
完全由村里投资	-20.56* (10.505)	-20.34* (10.504)	-20.65* (10.556)	-20.04* (10.416)

续表

	因变量			
	(1)	(2)	(3)	(4)
	道路调整得分	道路调整得分	道路调整得分	道路调整得分
完全由上级部门管理	9.94 (11.309)	11.51 (11.173)	10.23 (11.232)	9.52 (11.461)
村庄负责实施项目	-31.95** (14.850)	-30.10** (14.611)	-31.16** (15.107)	-31.02** (15.081)
有上级部门监督	16.89 (12.084)	19.29 (11.970)	16.84 (12.001)	16.37 (12.360)
新修道路的长度		0.78 (1.591)	0.52 (1.535)	
2007 年村庄有同类型道路千米数				-0.26 (0.715)
截距项	6506.32 (7259.210)	6606.53 (7293.015)	6606.53 (7293.015)	6178.74 (7272.883)
观测值	115	115	115	115
调整 R 方	0.200	0.193	0.193	0.194

资料来源：中国科学院农业政策研究中心调查。括号内为标准误。* 表示在 10%的水平上显著；** 表示在 5%的水平上显著；*** 表示在 1%的水平上显著。

结果表明，在回归方程中加入新修道路长度和 2007 年已有道路的千米数变量后，仍然可以发现道路的投资总额与道路质量得分为正相关关系。模型（2）的估计结果表明，新修道路长的系数是正值但不显著。表明使用新修道路长度作为道路规模扩张的测度也不能发现道路规模的扩张和质量间有负相关关系。另外，当模型中加入道路项目的投资总额变量时，发现在几个模型中该变量的系数为正且依然显著。并且，由村庄负责实施项目在几个模型中的系数也都为负并且显著。上述几个模型的估计结果表明，在村庄内没有出现道路项目质量因为规模的扩张而降低的情况。

下面分析村庄之间是否存在道路项目规模扩张而降低道路质量的情况。由于村庄之间道路项目规模大小不同，道路项目的质量也不相同。同一村庄中两条道路的调整得分有的差了 100 多分，投资额度相差了 100 多倍。因而，为了能够将不同规模的道路质量进行加总，使用道路项目规模作为权重对村庄内道路项目的质量得分大小进行加总。

下面通过作图分析村庄之间是否存在道路规模扩张降低质量的情况。首先将村庄内对道路的投资由高到低分成三等分组，查看每组道路质量的标准得分，如图 7-3 所示，可以明显发现，投资总额较高的组中道路质量的得分较高，高投资总额组的道路质量得分平均比低投资总额组的道路质量得分高 9 分，图中所展现的趋势是道路质量和投资规模呈正相关关系。

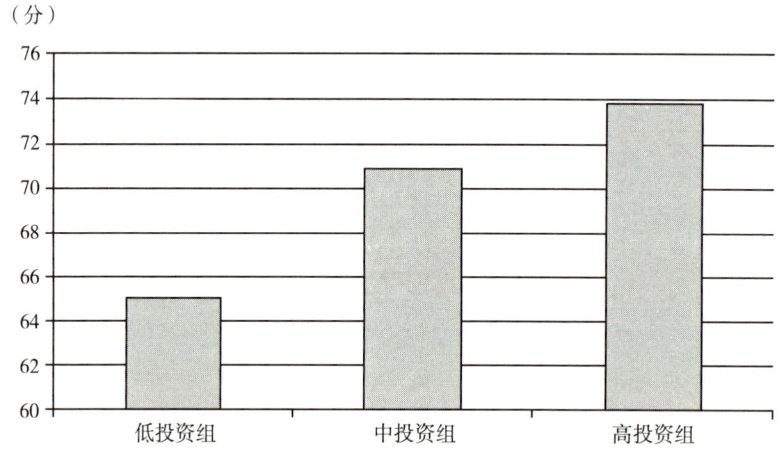

图 7-3　道路质量标准得分与村庄投资水平关系

考虑到道路项目规模和质量可能存在非线性关系，应用局部加权回归和平滑散点图分析二者之间的关系，这一非参数方法的优点是不需要假定函数的形式。图 7-4 中并没有发现曲线向下倾斜，意味着并不能得到道路规模和质量的负相关关系的结论。

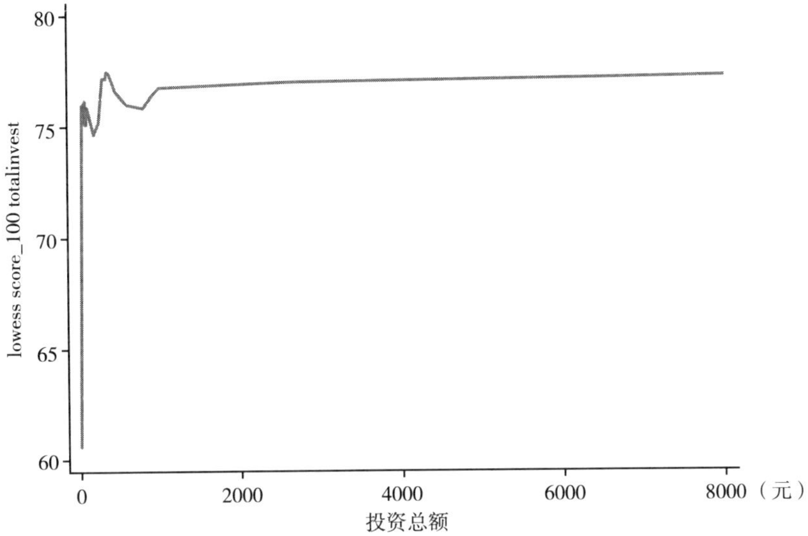

图 7-4　道路质量和投资总额 lowess 图

接下来应用回归模型进一步对村庄之间是否存在道路规模扩张导致质量下降的假设进行验证。首先，从简单的模型建模开始，在只控制新修道路项目类型的情况下，将道路质量得分对村庄道路投资总规模进行回归；其次，考虑到道路建造年代久远会让道路的质量得分下降，从而在模型的设定中加入道路建造的时间变量加以分析；再次，在模型中加入调整因子，目的是考虑道路修建环境对道路质量的影响；最后，采用村庄和道路项目特征替换调整因子，分析道路修建的环境对道路质量的影响（见图 7-4）。

$$QL_i = \alpha_0 + \delta QT_i + \gamma_1 X_{1i} + \varepsilon_i \tag{7-1}$$

$$QL_i = \alpha_0 + \delta QT_i + \gamma_1 X_{1i} + \alpha_1 Age_i + \varepsilon_i \tag{7-2}$$

$$QL_i = \alpha_0 + \delta QT_i + \gamma_1 X_{1i} + \alpha_1 Age_i + \gamma_2 X_{2i} + \varepsilon_i \tag{7-3}$$

$$QL_i = \alpha_0 + \delta QT_i + \gamma_1 X_{1i} + \alpha_1 Age_i + \gamma_3 X_{3i} + \varepsilon_i \tag{7-4}$$

式中，i 代表村庄，QL_i 是道路项目的得分，分别采用标准得分和调整得分进行估计。Age_i 是道路项目的建设时间，X_{1i} 是道路项目类型向量，X_{2i} 是调整因子向量，X_{3i} 是村庄特征和道路项目特征。估计结果如表 7-14 所示。

表 7-14　道路项目投资数量与道路质量估计结果：调整得分

	因变量：村道路项目调整得分加权平均			
	(1)	(2)	(3)	(4)
投资数量				
村庄道路总投资	0.01*** (0.003)	0.01*** (0.003)	0.01*** (0.003)	0.01*** (0.004)
新修的道路项目类型				
新修土路，1=是	-38.83*** (11.452)	-37.81*** (11.716)	-47.41*** (11.112)	-37.47** (15.130)
新修砂石路，1=是	-40.91*** (15.117)	-38.17** (16.188)	-20.25* (11.144)	-33.68** (15.204)
砂石路和硬化道路，1=是	39.47* (20.770)	41.34** (19.956)	28.47* (15.035)	36.96 (24.364)
土路和硬化道路，1=是	14.40 (23.924)	14.23 (24.288)	-8.55 (16.642)	14.55 (24.554)
平均修建时间		-2.55 (4.179)	-4.37 (3.773)	-6.43 (4.770)
调整因子				
地理调整因子			72.88*** (22.030)	
复杂性调整因子			75.53*** (23.108)	
农户参与调整因子			83.77*** (16.981)	
2007年村庄已有道路里程				
2007年村庄已有水泥路里程				0.85 (0.827)
2007年村庄已有柏油路里程				1.77 (1.619)
2007年村庄已有砂石路里程				1.93 (1.197)
2007年村庄已有土路里程				0.67* (0.354)

续表

	因变量：村道路项目调整得分加权平均			
	(1)	(2)	(3)	(4)
村庄特征				
村庄25度以上山地面积				12.56 (23.046)
相隔最远的两个村民小组之间的距离				4.81*** (1.745)
最近的柏油路/水泥路到村委会所在地的距离				6.76* (3.945)
村委会到乡镇政府的距离				-0.05 (0.217)
项目特征				
上级投资项目的均值				-14.23 (10.741)
由村庄自己投资的均值				-9.87 (11.741)
由上级管理项目的均值				-4.51 (11.793)
由村庄实施项目的均值				-7.12 (22.727)
由上级监管项目的均值				21.72* (12.537)
截距项	250.72*** (5.854)	5382.15 (8395.788)	8763.99 (7581.395)	13139.42 (9580.608)
观察个数	77	77	77	76
调整R方	0.304	0.298	0.608	0.419

资料来源：中国科学院农业政策研究中心调查。括号内为标准误。* 表示在10%的水平上显著；** 表示在5%的水平上显著；*** 表示在1%的水平上显著。

表 7-14 详细报告了各模型的估计结果[①]，对于不同的实证模型设定，估计结果显示模型的拟合度非常好，调整 R 方都在 0.3 以上。回归分析结果显示，由上级监管项目均值的系数为正且在 10%的水平上显著，表明样本村道路由上级监管则质量会提高；由村庄实施道路项目的系数为负值，但是并不显著。说明在村庄之间，还没有足够证据表明村庄自己实施的道路项目质量会变差。Khwaja（2004）发现道路质量会因为村民参与实施而降低，但是在本回归分析中并没有发现这一显著关系。这与前面在村庄内发现本村实施项目会降低道路质量的结论不同。可能的原因是，比较村庄间的道路情况时，村庄间道路实施水平也有差距，因而得不到村庄实施道路项目会降低道路质量的结论。

一个有趣的发现是，地理越复杂反而道路的质量越好。这个结论与直觉相反，这和第五章的发现相一致，即山地地区的道路质量反而比平原地区的要好。另外，从模型的拟合优度增加的角度表明，加入道路项目环境因素的考量是正确的。同时，与之前描述分析相一致，仍旧可以发现上级监管对于村道路质量有显著的正向作用。

对于关心的变量，道路项目的总投资系数在每个模型中都非负，且都在 1%的水平上显著。再次证明没有发现道路规模的扩张影响道路质量的情况。这与 Liu（2009）的研究结论不一样。Liu（2009）发现，当样本村道路项目本身投资金额较低时，道路质量会受到道路规模扩张的影响；但是当道路项目本身投资金额较高时，就不能得到道路质量受到规模扩张影响的结论。本书道路投资的平均规模是 Liu（2009）道路投资规模的 8 倍多，因此无法得出道路规模的扩张影响道路质量的结论。

本章小结

在这一章里，本书利用了全国 101 个样本村 1998~2011 年共 14 年的样本

① 使用道路质量标准得分与调整得分主要发现相一致。

村公共基础设施和公共服务质量数据，分析了村级公共基础设施和公共服务的发展变化，数据表明，大多数农村村级公共基础设施在十多年的时间里不断改善，然而不同类型公共基础设施改善程度有所差异，一些基础设施仍然十分薄弱。

具体而言，农村道路的硬化程度和通达性有了很大提高，农户自来水覆盖率和饮用水安全性均有较大提高。但是农村灌溉设施状况堪忧，普遍存在设施供水不足和淤积严重的情况，灌溉方面的设施需要花大力气加以改进。和农民生活相关的诸如美化环境与文化设施的建设尚处于起步阶段，2/3 以上的村还没有备齐这些设施，需要在今后更多地加以关注。

利用 2008~2011 年样本村庄新修道路的数据，本章描述了样本村道路数量和质量的基本状况。本章关心是否存在道路规模扩张影响道路质量状况，为了回答这一问题，分别从村庄内和村庄间道路规模和质量两个角度，考量是否存在道路数量扩张导致质量下降的情况；通过描述和回归分析，本章结论不能做出道路质量受到道路规模扩张影响的判断；相反，道路规模的扩大提高了道路质量。

另外的发现是，村庄内部道路的质量是否受到由村里负责实施的影响。估计结果发现，完全由村庄施工的道路比完全由上级政府施工的道路质量要低很多，可能的原因是村庄施工队主要由村民组成，水平比专业的施工队要差很多，还可能因为村级层面对管理施工标准方面缺乏优势，导致道路项目质量较低。当对比村庄间道路状况时，无法得出村庄负责实施道路项目会降低道路质量的结论。可能的原因是，比较村庄间的道路情况时，村庄间道路实施水平也有差距，因此在村庄之间没有获得与村庄内部一致的结论。

第八章　村民对公共物品满意程度及其决定因素分析

第一节　引　言

经济学文献中对于公共物品投资效果的评价有两个不同的标准：一个标准是基于公共物品数量、质量、投资回报率、成本收益率等客观标准，另一个标准是基于公共物品受益人的主观评价。按照公共经济学理论，如果公共品的供给能有效地满足居民的需求偏好，则公共部门的资源配置便处于偏好匹配的均衡、有效状态（阿特金森、斯蒂格里茨，1994）。据此，Shah（1999）提出了"回应性"（Responsiveness）标准。依据这一标准，只要与民众的需求偏好相一致，无论政府在某一支出项目上投入多少都是合理的。本章基于当地农户对公共基础设施和公共服务的满意程度来考虑公共物品投资是否符合农户的需求。

近年来，在分析农户对农村公共物品提供的需求和意愿以及农户对农村公共服务满意程度方面的文献有许多（李强等，2006；夏峰，2008；周青等，2011），然而这些研究仅限于对调查时间段农户满意程度的描述，没有分析农户满意程度随时间的变化趋势。另外，不少研究从供给优先序的角度分析农村公共物品提供（李琴等，2009；唐娟莉等，2011；崔登峰等，2012），但这些研究大多关注一个地区的情况，具有全国代表性的分析尚不多见。

针对上述情况，本书在详细描述农户对农村公共基础设施和公共服务满意程度的基础上，结合农户的投资意愿，从需求角度对我国农村公共物品的提供状况进行系统分析，以期为今后农村公共物品投资结构的调整提供事实依据。另外，有学者指出，“村村通”道路项目虽然改善了农村道路基础设施，但在修建过程中，出现了村干部为了达成上级政府下达的修路任务，在村集体配套资金不足的情况下向村民集资修路款（Zhou，2011）。这种情况是否会影响村民对道路项目的满意程度呢？本书将利用数据检验这一假说。

本章使用的数据来自中国科学院农业政策研究中心于2005年、2008年和2012年三轮次调查收集所得。其中2005年收集了800个农户家庭成员信息，参与公共基础设施建设情况，对基础设施和公共服务满意程度的数据。2008年和2012年在追踪这800个农户信息的基础上新访谈了1200个农户的信息，这两轮次分别收集了2000个农户的信息。具体来说，农户对基础设施满意程度方面主要集中在以下四个问题：①农户是否满意当前的公共物品（包括道路、学校等）；②和隔壁村相比本村的公共物品提供是否更好一些；③当村里得到5万元，农户认为应当投资到哪里；④如果村里需要每人集资20元投资到公共物品，是否愿意出资。另外，本章数据涵盖了农户是否集资修道路，是否做了义务工的信息。

第二节　农户对公共物品满意程度和投资意愿分析

本书中的满意程度具体含义是，对所选择项目现状满意的农户占所有调查农户的比例。调查数据表明，农户对本村基础设施提供的满意程度有了极大的提高。其中，道路项目的满意程度提高最为显著，2004年只有39%的农户对本村的道路满意，到了2007年这一比例上升到了65.6%，只是2011年又回落到60.3%。认为本村的道路比隔壁村要好的农户比例在2004年为27.8%，到了2008年增加到33.6%，2011年亦随之回落到29.4%。

表 8-1　农户对公共物品的满意程度

单位:%

项目	2004 年		2007 年		2011 年	
	本村满意程度	比隔壁村好	本村满意程度	比隔壁村好	本村满意程度	比隔壁村好
道路	39	27.8	65.6	33.6	60.3	29.4
学校	47.2	30.8	60.7	26	62.8	19.2
灌溉	36.1	19	47.0	17.2	45.4	12.2
生活用水	63.5	25.7	75.5	24.5	74.0	19.7
诊所	54	23.5	70.1	25.3	63.2	19.7

资料来源：中国科学院农业政策研究中心调查。

灌溉和生活用水方面农户的满意程度相比道路提高得不多。2004～2011年，农户对灌溉和生活用水的满意程度分别提高了 26%和 17%。但仍然有超过半数的农户对灌溉系统不满意。农户对生活用水方面的满意程度虽然相对较高，但从 2004 年开始，农户认为本村的灌溉和生活用水设施比隔壁村要好的比例一直在下降，到 2011 年分别只有 12.2%和 19.7%。

平均而言，农户对公共服务的满意程度高于基础设施的满意程度。农户对学校的满意程度从 2004 年的 47.2%提升到了 2011 年的 62.8%。但认为本村学校比隔壁村要好的农户比例却直线下降，从 2004 年的 30.8%下降到 2011 年的 19.2%。农户对诊所的满意程度 2011 年相比 2004 年提高了 17%。但认为本村诊所好于隔壁村的农户先增加后减少，到 2011 年只有不到两成。

一、村资金农户投资意向调查

当问及若村里有 5 万元，农户认为最应该投资到哪里时，超过 40%的农户将道路投资放在第一位。同样，将道路投资排在最后一位的农户也是最少的，但是与 2004 年相比，2011 年将道路投资排在最后一位的农户比例有所增加。表明道路投资仍然是村民最愿意投资的项目，可见“要想富、先修路”在农民心中的地位。

表 8-2 5 万元投资意向调查

单位:%

项目	2004 年		2007 年		2011 年	
	投资列第一位	投资列最后一位	投资列第一位	投资列最后一位	投资列第一位	投资列最后一位
道路	42.9	5.5	45.1	6.25	41.4	6.1
学校	17.4	22.3	14.8	29.6	15.9	33.2
灌溉	17.5	17.8	15.8	22.0	14.6	25.3
生活用水	15.8	20.4	14.6	18.8	16.4	15.8
诊所	6.5	34.0	9.8	23.4	11.8	19.7

资料来源：中国科学院农业政策研究中心调查。

在灌溉投资方面，愿意将灌溉投资摆在首位的农户比例从 2004 年的 17.4%下降到 2011 年的 14.6%。同样，2004 年将灌溉投资列第一位的农户比例仅次于道路，但 2011 年这一位次变到倒数第二，与此相一致的是将灌溉投资排在最后的农户比例从 2004 年的 17.8%上升到 2011 年的 25.3%。这方面的原因通过访谈了解到，农户认为 5 万元解决灌溉现状是远远不够的，因而认为 5 万元值得投入到灌溉的农户很少。

农户生活用水方面的投资意愿呈逐渐增高的态势。认为村里应首先投资生活用水项目的农户比例从 2004 年的 15.8%上升到 2011 年的 16.4%。同样将生活用水列为最后投资的比例有所下降。这方面的原因是，随着自来水在村庄的普及，不少村民享受到了方便。但是，存在一些居住相对偏远的农户没有用上村里的自来水，因而不少农户都希望 5 万元的投资可以用在自来水管道的铺设上，从而使自家能享用自来水。

将学校投资列首位的农户比例从 2004~2011 年下降不多，但将学校列为最后投资项目的农户比例上升很快。从 2004 年的 22.3%上升到 2011 年的 33.2%。原因是不少村庄学校已经撤并到其他地点，因而村里没有学校可以投资。对诊所的投资与学校的情形相反，把对诊所投资列首位的农户比例越来越高，而将其排在最后一位的农户比例则越来越低，但诊所依然是农户投资意愿相对较低的项目。这里的原因，一方面是村诊所已经大部分由私人承包，村民不希望村集体投资个体诊所；另一方面是不少村庄只有一个村诊所，看病不太方便，因而不少农户希望能增加村诊所的数量。

二、农户集资意愿调查

当问及农户集资意愿时，可以发现多数农户都愿意出资修建相关公共基础设施。整体看，相比 2004 年，2011 年有更多的农户愿意投资在公共基础设施之上。但相比 2007 年，农户愿意集资的比例在所有项目上都有下降，一方面原因可能是农户认为当前基层设施已经不需要再修建了，另一方面原因可能是近期要求农户集资的项目过多，农户不愿意再投资。是否有这方面原因将在后文中继续讨论。

表 8-3　集资 20 元愿意投资公共项目的农户比例

单位：%

项目	2004 年	2007 年	2011 年
道路	90.6	92.9	90.3
学校	76.7	86.2	80.5
灌溉	80.8	88.1	80.0
生活用水	82.5	89.3	85.3
诊所	72.6	87.2	81.8

资料来源：中国科学院农业政策研究中心调查。

道路项目仍然是农户最愿意集资投资的项目。这不但说明道路项目和村民生产生活最息息相关，而且说明现有的村庄道路仍然令村民不够满意，还有很大的改进空间。另一个显著特征是，农户对道路、生活用水和灌溉等基础设施项目的集资意愿要高于学校、诊所等提供公共服务项目的意愿，但这两类项目投资意愿的差距在缩小，表明越来越多农户意识到公共服务的重要性。

第三节 集资修建道路对农户满意程度的影响

经过农户满意程度和投资意愿的分析得知，农户对 2007 年道路的满意程度要高于 2011 年道路的满意程度。但这一点和经验相违背，因为近几年大家明显感到农村的道路在变好。而且投资意愿虽然下降得不多，但也与满意程度下降方向不一致。因为通常理解，如果对于道路项目不满意，则农户应该希望村里投资修建新的道路，或是更愿意出一点钱一起集资完善村庄道路。这种情况的出现，是否可能会如同 Zhou（2011）所论证的是由于修路集资的原因造成的呢？因为根据《国务院办公厅关于进一步做好减轻农民负担工作的意见》的要求，严禁向农民摊派各种费用，但根据曾宪萍、何晶（2011）的研究，即使国家 2006 年实施“五年千亿元”农村公路工程后，农村公路缺口仍然达到每千米 4 万~5 万元，因此下面将来验证是否存在因为集资修建道路而降低农民满意程度的假设。

一、集资对农户满意程度的描述分析

根据村庄在 2005~2006 年以及 2008~2010 年新修道路和农户在修建道路项目中是否集资将所有村庄分成三组。第一组的村庄在分析时间段没有新修道路；第二组的村庄在分析时间段有新修道路，但村民没有投资；第三组的村庄在分析时间段修了道路项目并且农户有集资。

通过数据发现（见表 8-4），有新修道路的样本村农户对于道路的满意程度较高，集资修路的农户满意程度下降较多。所在村庄在 2005~2006 年没有新修道路的农户 2007 年的满意程度为 40%，与所在村庄在 2008~2010 年没有新修道路的农户 2011 年的满意程度相差无几。也就是说，只要最近 2~3 年村庄没有新修道路，那么基本上就有 60%农户对道路的现状不满意。2011 年相比 2007 年，在调查期间新修了道路的村庄农户满意程度有所下降。没有集资

修路村庄的农户满意程度从 2007 年的 72.51%下降到 2011 年的 65.7%，下降约 7 个百分点。有集资修路村庄的农户满意程度从 2007 年的近 76%下降到 2011 年的 66.86%，下降了约 9 个百分点，相比而言，集资修建道路的村庄农户满意程度下降得更多。整体而言，农户集资修建道路比没有集资修建道路对道路项目更加满意。

表 8-4　修建道路项目与农户满意程度

单位：%

	2007 年满意程度	2011 年满意程度
村庄没有修路项目的农户	39.92	40.00
村庄有修路项目农户没有集资	72.51	65.70
村庄有修路项目农户有集资	75.92	66.86

资料来源：中国科学院农业政策研究中心调查。

进一步分析集资修建道路村庄的情况发现，近年来集资的强度更大涉及的农户范围更广。从表 8-5 中得知，2005~2007 年样本村新修的道路项目中，需要农户集资的平均额是 769 元，涉及 68 个村庄的 1026 个农户。到了 2008~2011 年，集资额上涨了 1.7 倍达到 1315 元，相应涉及的农户增加了 200 户，但是集资修建道路项目的村庄数量减少了 10 个。2008~2011 年，向农户集资修路的村庄更加集中，并且覆盖的农户范围更广、集资数目更大。

表 8-5　道路项目农户集资情况

	2005~2007 年	2008~2011 年
有农户集资的道路项目的集资平均额（元）	769	1315
涉及农户	1026	1242
涉及村庄	68	58

资料来源：中国科学院农业政策研究中心调查。

另外，据我们调查的村庄人均纯收入情况，2007 年的道路集资额度约占当年村庄人均纯收入的 21%，而 2011 年的道路集资额度约占 24%。早在 1998

年，中央政府出台了13号文件对三提五统的收取标准和办法做出了明确规定。文件规定，三提五统的总量不得超过当地农民人均纯收入的5%（周飞舟，2006b）。此外，不少村庄在修路项目中，仍然存在着让村民出义务工的情况，也属于变相的集资。可以看出近年来，不少村庄存在的向农户集资修建道路的情况，反而使农户的负担更为加重。

从农户集资的资金占道路项目总资金的比重可以看出，实际上农户集资的份额所占很小。根据本书的数据（见表8-6），完全由农户集资的道路项目资金仅占所有项目资金的0.27%，加上有多方资金来源（有两个以上资金来源）的项目中农户投资的资金份额，所有道路项目中由农户出资的金额仅仅占到3.36%。一般而言，这样小的份额不应该引起农户满意程度的下降。

表8-6　道路项目投资资金来源

单位：万元,%

	2005~2011年总投资	完全由村庄自己出资的金额	完全由企业和社会各界捐助的金额	完全来自上级部门投资金额	完全来自村民集资金额	多方资金来源金额	多方资金来源中由村民出资部分
投资金额	15694.46	1873.339	440.5	5958.607	42.85	7379.169	484.72
投资比例	100.00	11.94	2.81	37.97	0.27	47.02	3.09

资料来源：中国科学院农业政策研究中心调查。

另外，从表8-6中发现完全来自上级部门的投资仍然占有很大的比重。多方资金来源中也有很多项目是由上级政府、村集体与村民共同出资修建道路。这种情况通常会使村民更不满意新修建道路，因为这意味着上级一提修路，村民就要出钱（Zhou，2011）。另有研究发现，道路项目的资金来源更多来自上级会令村民满意程度下降，因为村民更希望在道路项目的设计和实施中有所参与（Bird等，2011）。

二、集资对农户满意程度的回归分析

从描述分析中可以发现，村庄新修道路后村民更满意，但如果新修道路要通过向村民集资来筹集修建资金，对农户影响程度如何则难以下结论。一方面，考虑到农户对道路项目满意程度会受到是否新修道路的影响；另一方面，新修道路农户没有集资的满意程度比新修道路农户有集资的满意程度低，可能的原因是农户投资后会更好地维护。如世界发展报告（2004）中所提到的，给当地更多的对公共物品的操控，将会提高公共物品质量。为了考量农户额外的负担对农户满意程度的影响，将在模型中加入村民修建道路项目中出义务工的变量。为了更好地识别农户的集资与农户对道路项目满意程度之间的关系，利用 2007 年和 2011 年农户满意程度数据，构建以下面板 logit 模型：

$$Y_{it}=\alpha_i+\beta_0+\beta_1X_{it}+\beta_2W_{it}+\beta_3Z_{it}+\varepsilon_{it} \tag{8-1}$$

式中，i 代表农户，t 代表年份，Y 代表二值变量，1 代表满意，0 代表不满意。α_i 代表个体效应，即农户差异对满意程度的影响。β_0 代表平均截距项，ε_{it}代表随机误差项。X_{it}代表道路项目由上级部门的投资额度，W_{it}代表道路项目有农户集资的资金额度，Z_{it}代表农户户主特征变量包括户主性别、年龄、受教育程度、家里是否有人做了道路项目义务工，1 代表参加，0 代表没有参加，以及省、县、乡镇的虚拟变量。考虑到模型中包含有户主性别这类不随时间变化的变量，因而采用随机效应面板数据模型。

根据估计结果（见表 8-7），村庄道路项目总投资与农户满意程度有显著的正相关关系。在控制省、县和乡镇固定效应的模型中都很显著。这点比较符合直觉，投资越大，一般情况是道路项目质量越好，从而能够给村民带来更大的便利性。

表 8-7　农户对公共投资项目满意程度决定因素模型估计结果

	因变量：农户对道路项目满意程度（满意=1，不满意=0）		
	(1)	(2)	(3)
村庄道路项目总投资（万元）	0.00*** (0.001)	0.01*** (0.001)	0.00*** (0.001)
由上级投资的资金（万元）	-0.00*** (0.001)	-0.00*** (0.001)	-0.00*** (0.001)
由农户投资的资金（万元）	1.99** (0.847)	0.12 (0.798)	0.44 (0.864)

续表

	因变量：农户对道路项目满意程度（满意=1，不满意=0）		
	（1）	（2）	（3）
是否出义工（1=是）	0.21 （0.328）	0.54 （0.330）	0.55 （0.339）
户主性别	−0.08 （0.228）	−0.13 （0.229）	−0.16 （0.237）
户主年龄	0.00 （0.005）	0.00 （0.005）	0.00 （0.005）
户主教育程度	0.00 （0.021）	−0.01 （0.020）	−0.02 （0.020）
区域虚拟变量	省	县	乡镇
截距项	0.12 （0.584）	0.76 （0.634）	0.85 （0.734）
观测值	2352	2352	2352

资料来源：中国科学院农业政策研究中心调查。括号内为标准误。* 表示在 10%的水平上显著；** 表示在 5%的水平上显著；*** 表示在 1%的水平上显著。

估计结果表明，由上级投资的资金与农户满意程度是显著的负相关关系。这个负相关关系也在三个方程中都显著。这一结论可以从前面的描述分析中发现。可能的原因是如 Bird 等（2011）所说的村民更希望在道路项目的设计和实施中有所参与。另外完全由上级投资的项目通常是几个村统一规划道路设计施工，可能对单个村庄的特殊性照顾不周，因而部分农户没有享受到新修道路所带来的便利。

不能认为农户集资会降低农户满意程度。在控制了省虚拟变量的模型（1）中，农户在道路项目的集资金额与农户的满意程度呈显著的正相关关系。在控制了县虚拟变量的模型（2）和控制了乡镇虚拟变量的模型（3）中，农户集资金额变量的系数不显著但是符号为正，这说明从模型估计的结果看，没有发现农户投资会降低对道路项目满意程度的证据。反而是农户的集资使农户更加满意道路项目。这里的结果印证了描述分析中所发现的新修道路的村庄农户满意程度更高，并且集资修建道路的农户比没有集资修建的农户满意程度高。

农户修路出义务工对满意程度也没有显著影响但是符号为正。表明农户出义务工修建道路会增加农户满意程度，但不显著的原因可能是，这里农户出义务工包括修建工时和维护工时两类情况，因为没有进一步区分，所以比较难识别出维护义务工的净影响。另外，原因也可能是农户愿意为修建道路出工，而不在乎是否是村集体指派的任务。

另外，估计结果表明，户主的性别、年龄、教育程度均对道路项目满意程度没有显著影响，这一结果和朱玉春等（2011）的发现一致；马林靖、张林秀（2008）发现，教育程度越高的农户对灌溉设施的状况越不满意，但本节没有发现教育程度对道路设施的显著影响。

本章小结

在本章中，使用了101个样本村3期面板数据，从农户的主观评价角度对农村公共物品投资的效果进行了详细分析。结果发现，农户对公共基础设施和公共服务的满意程度有大幅度提高，但2011年相比2007年有小幅下降。农户愿意集资修建公共项目的意愿很高，说明农村公共物品还不能很好地满足农户的需求。

从不同项目农户的投资意愿发现，整体而言农户投资公共基础设施的意愿超过公共服务的意愿。基础设施主要满足农户出行，饮水以及灌溉农田的需要，表明当前农村的公共基础设施相对更加难以满足农户的相关需求。在公共基础设施中，农户希望改善的仍然是道路。虽然近年来道路项目是所有公共基础服务改善最多最快的一项，但仍然落后于农民的需求增长速度。这表明，从农户主观评价的标准看，今后仍然需要增加对农村地区的公共投资，尤其是基础设施的公共投资力度。

描述分析发现，最近几年村庄有修建道路项目的农户比村庄没有修建道路项目的农户对道路的满意程度高；集资修建道路项目的村庄农户满意程度仍然比没有集资修建道路项目的村庄农户要高，但满意程度下降的幅度较大。采用回归模型分析了农户集资与道路项目满意程度的关系，研究发现投资总额越大的项目农户更加满意，农户集资修建道路项目并没有影响农户的满意程度。而由上级投资的道路项目会降低农户满意程度，可能的原因是农户更愿意在设计和实施项目上有话语权，能够参与到项目的决策中。另外，完全由上级投资的项目，可能没有照顾到全部农户的利益，造成部分农户没有享受到道路建设带来的便利。这些都需要上级政府在今后修建农村道路前，广泛征求项目涉及的村民意见，从而使所建项目能够更好地满足农户的需要。

第九章　基础设施的影响分析

——以道路对农民非农就业的影响为例

第一节　引　言

约翰逊（2005）指出，农村劳动力收入较低的原因之一是存在较高成本阻碍农村劳动力向非农工作转移，而发展中国家常常忽视提供公共物品来减少劳动力流动的成本。近年来的实证研究指出，道路设施通过降低区域间运输与交易成本，从而激发市场活力，影响投入与产出价格，调整土地使用，刺激农村非农就业（Gannon 和 Liu，1997；Van de Walle，2009）。

已有学者研究了我国道路基础设施对农村劳动力非农就业的影响。Fan 和 Chan-Kang（2005）利用宏观统计数据，发现中国不同区域间道路里程的增加对非农 GDP 有显著正影响。在应用微观调查数据所做的实证研究方面，Zhao（1999a，1999b）利用了 1994 年和 1995 年四川省的调查数据，发现村庄有通往外界的柏油路与农户外出打工正相关。邓蒙芝等（2011）研究发现，村庄内硬化道路里程的增加对农村劳动力非农就业有显著促进作用。罗仁福等（2013）发现，村庄距离高速公路的远近与劳动力非农就业有显著正相关性。但是，上述研究都是基于已完成道路的状况所做的分析，在使用大样本数据调查的基础上，探讨修建道路对农民非农就业的影响方面的研究尚不多见。本章目的是利用影响评估方法识别新修道路对于农民非农就业所产生的影响。

本章数据来自中国科学院农业政策研究中心在 2005 年、2008 年和 2012 年三次开展的实地跟踪调查所收集的 101 个样本村的数据。数据涵盖了 2005～2011 年样本村道路修建的信息，2004 年、2007 年与 2011 年样本村农民非农就业的信息以及家庭劳动力的基本特征情况。2005 年的调查共访问了 800 个农户家庭，2008 年的跟踪调查中只回访到了其中的 682 个农户，并在每个村都增加了 12 个农户的访问量，2008 年共得到 2020 个农户的基本信息。2012 年的调查尽可能追踪 2005 年和 2008 年访问过的农户，最后得到三轮次的农户数据 599 户，2008 年和 2012 年两轮次的数据 1722 户（含三轮次数据），加上 2012 年新访问农户共 2020 户调查数据。本章使用到的主要变量来自农户问卷和村干部问卷。

第二节　农村劳动力非农就业变迁

随着市场对劳动力的需求越来越大，有更多的农户加入非农就业的队伍（见表 10-1）。本章将农村劳动力年龄范围定义为 16～65 岁，和大部分研究的设定保持一致（Zhao，1999a；Li 等，2013；孟昕，2013）。2004～2011 年，农村非农就业比例上升了 5 个百分点，从 2004 年的 52%增加到 2011 年的 57%。分年龄段看，16～20 岁的劳动力非农就业比例呈下降趋势。这一发现和孟昕（2013）的调查结果一致。26～40 岁是非农工作的主力军，70%以上这个年龄段的农村人口都参与了非农就业。41～65 岁人口虽然参加非农就业人口比例也在逐年上升，但是增加幅度相对较慢。

表 9-1　分年龄组劳动力非农就业分布

单位：%

	2004 年	2007 年	2011 年
16～20 岁	70	56	48
21～25 岁	81	71	73

续表

	2004 年	2007 年	2011 年
26~30 岁	74	76	81
31~35 岁	62	69	80
36~40 岁	51	63	72
41~50 岁	44	46	58
51~65 岁	29	27	34
合计	52	51	57

资料来源：中国科学院农业政策研究中心调查。

农村劳动力非农就业也存在着显著的性别差异（见表 9-2）。三轮的调查数据都表明，农村男性劳动力非农就业水平要显著高于女性劳动力，平均高了25%以上。男性和女性劳动力 2011 年非农就业水平相比 2004 年都有增加，但女性非农就业比例增加更快，女性增加比例是 13%，而男性增加比例是 9%。

表 9-2 分性别组劳动力非农就业分布

单位:%

	2004 年	2007 年	2011 年
男性	65	64	71
女性	37	37	42

资料来源：中国科学院农业政策研究中心调查。

教育程度的不同显著影响着农民非农就业的比例。从表 9-3 可以看出，小学及以下学历的劳动力非农就业比例在下降，说明教育程度很低的劳动力越来越难以适应社会发展的需要，因此可能更多的年轻人选择去上学而不是打工。具有初中程度教育水平的劳动力非农就业水平在显著上升，这些新增的非农就业农民的年龄也主要在 25~40 岁。高中学历的农民非农就业比例在下降，部分原因是随着时间推移，这部分样本人群选择了继续学习深造。而大专以上教育程度农民的非农就业比例在增加，但增加得不是很快，原因是接受高等教育后，越来越多农户继续选择读书。调查中有很多农户家里有孩子读研究生，同时大专以上教育程度的农民占全部劳动力份额7%左右，只是非农就业群体的很小一部分。

表9-3　分教育程度组劳动力非农就业分布

单位：%

	2004年	2007年	2012年
小学及以下	39	49	44
初中	63	69	70
高中	78	74	68
大专及以上	27	34	36

资料来源：中国科学院农业政策研究中心调查。

第三节　新修道路对农民非农就业影响

本节将根据农村道路的修建情况分析新修道路对农民非农就业的影响。农户的非农就业用农户每月非农工作的小时数衡量（Khandker等，2009）。主要关注的变量是样本村在调查期间有无修建道路。根据影响评估方法的要求，必须具备两期的数据即道路修建之前样本村的数据和修建之后的数据，因此，分别使用2004年、2007年和2011年三期数据，分两段研究修建道路的影响。

首先以2004年为道路修建之前的样本村基期数据。分析2005~2006年样本村是否修建道路对2007年农民非农就业的影响。再以2007年为基期数据，分析2008~2010年样本村是否修建道路对2011年农民非农就业的影响。没有分析2005~2010年新修道路对农民非农就业影响的原因是拥有三期调查数据的农户中在劳动力年龄范围内的农民数量太少，影响了样本的代表性。

表 9-4 农户月平均非农工作时间

单位：小时

	2004 年	2007 年	2011 年
全部村民非农就业月平均工作时间	241	253	234
2005~2006 年/2008~2010 年修建道路村庄村民非农就业月平均工作时间		256	238
2005~2006 年/2008~2010 年没有修建道路村庄村民非农就业月平均工作时间		246	220

资料来源：中国科学院农业政策研究中心调查。

通过描述统计分析发现，农户月平均非农工作时间的差距明显。平均非农工作时间 2004~2007 年有所增加，到了 2011 年又有所下降。而对比修建道路和没有修建道路的村庄，月平均非农工作时间相差 10 个小时以上，而 2011 年比 2007 年的差距更大。但这样的非农就业月平均工作时间差异是否和修建道路有显著关系，还需要接下来应用影响评估方法进行分析。

为了获得更稳健的估计效果，本节拟使用两种方法估计建设道路项目的影响，第一种方法是“倍差（Difference in Difference）+倾向值匹配（did+psm）”。具体而言构造如下方程：

$$Y_{it}=\phi T_{it}+\delta X_{it}+\alpha_i+\varepsilon_{it}Y \tag{9-1}$$

式中，i 代表代表农户，t 代表年份。Y 代表农户月平均非农工作时间，α_i 代表个体效应，即农户差异对非农工作时间的影响。ε_{it}代表随机误差项。X_{it} 代表随时间变动的影响农民非农工作时间的因素。T 代表二值变量，1 代表样本村修建了道路项目，0 代表没有修建。ϕ 就是要关注的变量，代表了是否修建道路项目对农户非农工作时间的影响。

对方程左边和右边进行差分，可以得到如下方程：

$$(Y_{it}-Y_{it-1})=\phi(T_{it}-T_{it-1})+\delta(X_{it}-X_{it-1})+(\alpha_i-\alpha_i)+(\varepsilon_{it}-\varepsilon_{it-1}) \tag{9-2}$$

即

$$\Delta Y_{it}=\phi\Delta T_{it}+\delta\Delta X_{it}+(\alpha_i-\alpha_i)+\Delta\varepsilon_{it} \tag{9-3}$$

ϕ 就是要关注的变量，代表了是否修建道路项目对农户非农工作时间的影响。

考虑到“倍差”（Difference in Difference）分析依赖于假定：不可观测到

的差异不随时间变化。但这个假设可能会因为存在未观测到的随时间变化因素的影响会高估或低估项目影响（Jalan 和 Ravallion，1998）。因此使用“倾向值方法”（Propensity Score）进一步控制未观测到的随时间变化的因素影响。

第二种方法是“一阶差分+倾向值调整”（fd+psm_weight）。根据 Hirano 等（2003）的文章，模型构造如下：

$$\Delta Y_{it}=\beta+\phi T_{it}+\delta\Delta X_{it}+\varepsilon_{it} \tag{9-4}$$

式中，ΔY_{it}代表两期农户月平均非农工作时间的一阶差分值。ΔX_{it}代表随时间变动的影响因素一阶差分值。T 代表二值变量，1 代表样本村修建了道路项目，0 代表没有修建，也是最需要关注的变量。ε_{it}代表随机误差项。修建道路项目的调整权重是 1，没有修建道路项目的调整权重是 $p(x)/(1-p(x))$，$p(x)$是倾向值。

倾向值的核心思想是降低变量的维度。具体而言，根据可以观察到的农户相关特征，将所有特征用每个农户一个倾向值（Propensity Score）替代。而倾向值则用 Logit 或 Probit 模型估计。然后依据倾向值将样本进行配对，就是将倾向值相近的有道路项目的农户和没有道路项目的农户分组，每组内有道路项目的农户和没有道路项目的农户倾向值相近。

首先分析 2004 年农户的使用倾向值分组情况。使用农户性别、年龄、教育程度、房产价值、家庭劳动力人数、家庭总人口数、村庄 2004 年人均收入、村庄 2004 年有效灌溉耕地比例、村庄 2004 年外出打工人数、村庄距离最近水泥路距离和村委会距离乡镇距离作为估计倾向值的变量。表 9-5 是估计结果：

表 9-5　2004 年村民匹配的倾向值估计

因变量：2005~2006 年村庄是否修建道路（1=是，0=否）	
性别	-0.01（0.066）
年龄	0.00（0.003）
教育程度	0.01（0.013）
2004 年房产价值	0.02***（0.007）
2004 年家庭劳动力数量	-0.07（0.046）
2004 年家庭人口数	0.03（0.035）

续表

因变量：2005~2006年村庄是否修建道路（1=是，0=否）	
村庄2004年人均收入	0.00* （0.000）
村庄2004年有效灌溉耕地比例	-0.00*** （0.000）
村庄2004年外出打工人数	0.00*** （0.000）
村庄距离最近水泥路距离	0.06*** （0.016）
村委会距离乡镇距离	-0.02* （0.010）
截距项	0.01（0.261）
观测值	1719

资料来源：中国科学院农业政策研究中心调查。括号内为标准误。* 表示在10%的水平上显著；** 表示在5%的水平上显著；*** 表示在1%的水平上显著。

根据倾向值得分，利用分层匹配的方法（Becker 和 Ichino；2012），将有道路项目的农户和没有道路项目的农户分组。具体来说，首先，将所有倾向值划分为五个相等的区间，在每个区间内，估计有道路项目的农户和没有道路项目的农户在倾向值的均值差异，如果没有差异则开始分析下一个区间，如果有差异，则将这一区间平均分成两部分，再重复分析倾向值得分均值的差异，直到在每个区间两组人群的倾向值得分均没有差异。其次，在每个区间内，检验每个变量上两组人群均值的差异，如果在每个变量上都没有差异，则开始分析下一个区间。如果在一个区间内发现某个变量两组人群出现差异，则提示需要改变作为估计倾向值的变量，再重复整个程序，最终使得在所有变量上两组人群满足倾向值平衡的性质。

根据分析结果，有8个有道路项目的农户找不到倾向值近似的没有道路项目的农户，根据 Heckman 等（1997）建议去掉找不到相近倾向值的观察值，因而将没有找到相近得分的有道路项目的农户去掉。根据匹配的结果，将所有样本农户根据倾向值分成了4组，每组中样本村民都经过平衡性检验，结果如表9-6所示。

表 9-6　2004 年村民匹配的倾向值分组

倾向值分组	没有道路项目村民	有道路项目村民	合计
0.4	210	260	470
0.6	220	307	527
0.7	75	383	458
0.8	42	214	256
总计	547	1164	1711

资料来源：中国科学院农业政策研究中心调查。

根据得到的 1711 个村民的信息，合并 2007 年相同村民的数据，然后根据式（9-3）和式（9-4）计算修建道路的影响。这 1711 个村民有些没有从事非农工作，最终有 876 个村民合并成功，所得估计结果如表 9-7 所示。

表 9-7　修建道路对 2007 年村民月平均工作时间的估计结果（did+psm）

影响因素	因变量：村民非农就业月平均工作时间		
	（1）	（2）	（3）
	全样本	全部男性样本	全部女性样本
时间	3.30 （3.843）	3.35 （4.578）	5.73 （7.198）
2005~2006 年是否修建道路（1=是）	13.62 （9.050）	5.88 （10.863）	39.50** （16.844）
年龄	-2.64 （4.698）	-1.61 （5.531）	-10.35 （9.174）
教育程度	-3.73 （2.312）	-5.63* （3.000）	-1.13 （3.551）
房产价值	0.42 （0.478）	0.77 （0.620）	-0.10 （0.723）
家庭人口数	-16.65*** （5.099）	-12.88** （5.987）	-29.86*** （9.973）
家庭土地面积	-0.35 （1.307）	-0.62 （1.489）	-0.81 （2.960）

续表

影响因素	因变量：村民非农就业月平均工作时间		
	(1)	(2)	(3)
	全样本	全部男性样本	全部女性样本
村庄有效灌溉面积比例	0.00 (0.008)	0.01 (0.010)	-0.02 (0.017)
村庄外出打工人员个数	0.01 (0.015)	0.02 (0.020)	0.01 (0.023)
村委会到最近柏油路距离	1.68** (0.670)	1.28 (0.799)	2.97** (1.232)
村委会到乡镇距离	-0.34 (1.593)	-0.73 (1.966)	-0.15 (2.671)
截距项	-6187.16 (7555.583)	-6316.68 (8997.504)	-10726.01 (14158.757)
R-方	0.016	0.014	0.005
观察值	1752	1187	565

资料来源：中国科学院农业政策研究中心调查。括号内为标准误。* 表示在 10%的水平上显著；** 表示在 5%的水平上显著；*** 表示在 1%的水平上显著。

估计结果发现，两种估计方法结果大致相同（见表 9-7、表 9-8）。对于全样本来说，在控制了农户家庭和村庄的信息后，新修道路对于农户就业时间没有显著影响。但分男性样本和女性样本来看，村庄新修道路对于女性非农就业月平均工作时间有显著影响。估计结果显示，2005~2006 年村庄新修道路，将增加 2007 年女性村民非农就业月平均工作时间 40 小时左右。

表 9-8 修建道路对 2007 年村民月平均工作时间的估计结果（fd+psm_weight）

影响因素	因变量：村民非农就业月平均工作时间		
	(1)	(2)	(3)
	全样本	全部男性样本	全部女性样本
2005~2006 年是否修建道路（1=是）	13.07 (9.231)	4.71 (10.445)	45.87** (20.384)

续表

影响因素	因变量：村民非农就业月平均工作时间		
	（1）	（2）	（3）
	全样本	全部男性样本	全部女性样本
年龄	1.88 （2.928）	3.01 （3.220）	-4.61 （6.658）
教育程度	-3.04 （3.031）	-3.15 （3.798）	-3.81 （4.452）
房产价值	0.52 （0.545）	1.00 （0.757）	-0.24 （0.579）
家庭人口数	-12.42** （5.754）	-7.42 （6.660）	-31.88*** （9.917）
家庭土地面积	-0.64 （1.219）	-0.77 （1.347）	-1.64 （3.261）
村庄有效灌溉面积比例	-0.00 （0.010）	0.00 （0.011）	-0.03* （0.018）
村庄外出打工人员个数	0.00 （0.019）	-0.00 （0.024）	0.03 （0.031）
村委会到最近柏油路距离	1.95** （0.979）	1.80 （1.235）	2.76*** （0.911）
村委会到乡镇距离	-0.41 （1.640）	-0.77 （2.108）	-0.51 （2.398）
截距项	261.74** （109.786）	184.48 （123.607）	624.13*** （235.405）
R-方	0.019	0.026	0.000
观察值	1752	1187	565

资料来源：中国科学院农业政策研究中心调查。括号内为标准误。* 表示在 10%的水平上显著；** 表示在 5%的水平上显著；*** 表示在 1%的水平上显著。

利用同样的方法，应用 2007 年数据为基期数据，分析 2008~2010 年样本村修建道路对 2011 年农民非农就业月平均工作时间的影响。估计结果如表 9-9、表 9-10 所示。

表 9-9　修建道路对 2011 年村民月平均工作时间的估计结果（did+psm）

影响因素	因变量：村民非农就业月平均工作时间		
	（1）	（2）	（3）
	全样本	全部男性样本	全部女性样本
时间	-6.65* （3.870）	-4.36 （4.926）	-7.86 （6.231）
2008~2011 年是否修建道路（1=是）	9.45 （10.857）	7.46 （12.942）	14.54 （19.804）
年龄	2.69 （3.459）	-0.74 （4.581）	7.54 （5.097）
教育程度	-5.02* （2.985）	-4.58 （3.702）	-3.47 （5.132）
房产价值	-0.36* （0.191）	-0.35 （0.218）	-0.52 （0.412）
家庭人口数	-0.24 （4.632）	1.67 （5.474）	-5.16 （8.760）
家庭土地面积	4.48** （1.821）	5.09** （2.112）	1.05 （3.694）
村庄有效灌溉面积比例	-0.01 （0.008）	-0.01 （0.010）	-0.01 （0.014）
村庄外出打工人员个数	0.05*** （0.018）	0.07*** （0.021）	-0.01 （0.034）
村委会到最近柏油路距离	2.34 （1.571）	0.69 （1.926）	6.86** （2.754）
村委会到乡镇距离	-1.00*** （0.310）	-1.04*** （0.379）	-0.92* （0.526）
截距项	13522.96* （7687.774）	9028.80 （9769.803）	15839.35 （12417.884）
R-方	0.005	0.020	0.020
观察值	1511	1064	447

资料来源：中国科学院农业政策研究中心调查。括号内为标准误。* 表示在 10%的水平上显著；** 表示在 5%的水平上显著；*** 表示在 1%的水平上显著。

表 9-10 修建道路对 2011 年村民月平均工作时间的估计结果（fd+psm_weight）

影响因素	因变量：村民非农就业月平均工作时间		
	(1)	(2)	(3)
	全样本	全部男性样本	全部女性样本
2008~2011 年是否修建道路（1=是）	5.38 (10.767)	8.46 (11.870)	8.87 (21.185)
年龄	-4.13 (3.497)	-8.19** (3.315)	3.49 (5.897)
教育程度	-8.69* (5.093)	-9.76* (5.132)	-7.47 (11.162)
房产价值	-0.55** (0.225)	-0.30* (0.170)	-1.32* (0.698)
家庭人口数	-0.90 (4.954)	-3.01 (5.400)	-0.96 (10.048)
家庭土地面积	3.55* (2.143)	4.24* (2.336)	-0.63 (4.638)
村庄有效灌溉面积比例	-0.02 (0.018)	-0.02 (0.016)	-0.01 (0.038)
村庄外出打工人员个数	0.06*** (0.020)	0.08*** (0.023)	-0.00 (0.037)
村委会到最近柏油路距离	0.74 (2.473)	-1.11 (2.870)	6.03 (4.137)
村委会到乡镇距离	-1.06** (0.438)	-1.11** (0.563)	-0.98 (0.673)
截距项	481.04*** (168.689)	647.47*** (164.952)	226.33 (295.045)
R-方	0.034	0.045	0.007
观察值	1511	1064	447

资料来源：中国科学院农业政策研究中心调查。括号内为标准误。* 表示在 10%的水平上显著；** 表示在 5%的水平上显著；*** 表示在 1%的水平上显著。

估计结果显示，不管是对全样本还是分男性样本与女性样本，样本村新修道路对村民非农就业月平均工作时间的影响都不显著。一个可能的原因是2007年以前新修的道路已经满足村民外出进行非农工作的需要，而2008年以后新修的道路，主要是在道路硬化方面的改善较多，增加村里和外面连通性的道路很少，从而对农户非农工作的影响较小。另一个可能的原因如Mu和Van de Walle（2007）所指出的，一些项目的效果需要更长的时间才能看出来。2008年以后铺设了更多的硬化道路，这些项目的效果与之前增加村庄和外界连通性的道路项目相比，也许需要更长的时间才能识别出项目的效果。

本章小结

在这一章里，利用全国101个样本村2004年、2007年和2011年村道路项目修建信息、村庄特征和农户特征信息，分析了样本村非农就业农民的特征和修建道路项目对农民非农就业的影响，数据表明，样本村非农就业的人群以25~40岁为主，女性劳动力参与非农就业的比例越来越高，初中以下教育程度的劳动力参与非农就业的比例越来越低，表明我国非农就业市场在更加倾向高学历人才，产业结构逐渐在从劳动密集型向技术密集型升级。

利用影响评估方法，分别分析了2005~2006年、2008~2010年村庄修建道路对2007年、2011年村民非农就业的影响。估计结果显示，2005~2006年新修道路可以增加女性劳动力非农工作月平均40小时的工作时间。但2008~2010年新修道路对2011年村民非农就业没有显著影响。可能原因是2008年以来新修道路主要是铺设硬化道路，连通村里和外界的道路较少。另外，可能是这些新修硬化道路的影响需要更长的时间才能体现出来。

第十章　研究结论和政策建议

本书以我国农村公共物品投资为研究对象，利用对全国 5 个省、25 个县、101 个村、2020 户农户的具有全国代表性的抽样调查数据，对我国农村公共物品投资的类型、规模、方向、资金来源结构等方面的时间变化趋势和地区差异进行了详细分析。在此基础上进一步研究了我国农村公共物品投资的策略特征以及农村公共物品投资质量的决定因素，并从使用者角度分析了农户对公共物品投资结果的满意程度。特别是利用影响评估方法分析了我国农村道路投资对村民非农就业的影响，并基于这些研究提出了对我国农村公共物品投资策略改进的一些想法。

第一节　主要结论

一、我国农村公共物品投资涵盖了农民生产生活的诸多方面，但从农民对公共基础设施和服务的满意程度与投资意愿看，仍然不能满足当前农民的需要

随着税费改革和新农村建设政策的推出，我国农村公共物品投资力度不断加大，每个样本村每年大约有 1.5 个新的公共物品投资项目实施。但是和韩国经济起飞时期相比，投资仍略显不足。近年来公共物品投资的一个显著特征是

企业承担着越来越多的公共服务任务，为政府减轻了不少负担。但是农民对基础设施和公共服务的满意程度仍然不高，对道路、饮用水和灌溉设施以及学校和诊所的投资意愿强烈，表明当前公共基础设施和公共服务仍然不能满足农民的需要。

二、税费改革和新农村建设政策效果已经体现，显著改变了农村公共物品投资的资金来源结构

税费改革前，由上级政府出资和村自己出资修建公共物品投资项目占全部项目的比例相近。税费改革后的几年，村自己出资修建项目明显减少，更多的项目是由上级政府和村共同出资修建。而新农村建设开始后，村自己出资修建项目更少，相应地，更多项目完全由上级投资。

分省看，河北省和江苏省由村庄自己投资的项目比例较多，而四川省、陕西省和吉林省村公共物品投资来源更多的是上级政府，这样的投资策略比较符合统筹区域发展的要求。另外，新农村建设政策实施后，政策效果在各省的体现比较迅速，各省公共物品投资项目更多来自上级政府的投资；而税费改革政策的效果在初期的影响并不显著，河北省和江苏省的村庄甚至自己出资修建的项目变得更多，五年后税费改革的效果在各省中才有比较明显的体现。

三、道路、生活用水及灌溉公共物品投资与服务提供水平的区域差距明显，灌溉服务提供水平严重不足

道路与生活用水基础设施较差地区与设施较好地区服务提供水平差距在缩小。相对贫困地区的道路与生活用水服务提供水平改善比较明显。但相对偏远地区基础设施水平仍然较差，不能满足农民生产生活的基本需要。灌溉基础设施和服务多年以来基本没有改善，部分地区甚至出现了今不如昔的情况。灌溉服务远远落后于道路和生活用水服务，是今后公共物品投资亟须解决的问题。

四、村人均纯收入和少数民族人口比例对公共物品投资项目数量和规模没有显著影响，村人均耕地面积和有效灌溉耕地面积比例与公共物品投资项目数量和规模呈负相关关系

低收入地区和少数民族地区并没有像想象中那样得到了更多的公共物品投资，长期跟踪的数据表明这些因素的影响都不显著。并且没有发现样本村在乡镇和县以上政府工作的人员影响上级的公共物品投资项目数量。外出人员较多的村公共物品投资项目较少，可能的原因是大部分人员外出后，村庄中剩余的人口较少，减少了对公共基础设施和服务的需求。长期来看，人均耕地面积和有效灌溉耕地面积与公共物品投资项目数量和规模呈负相关关系，表明耕地面积是进行公共物品投资需要考虑的主要因素。

五、公共基础设施整体而言改善显著，设施质量没有因为规模的扩张而下降

道路、生活用水的基础设施有明显改善，村庄卫生环境、照明状况有显著的提高。但是灌溉基础设施方面仍然薄弱，越来越多地依赖地下水灌溉的情况堪忧。近年来道路规模在增加，但通过分析发现，道路规模的扩张没有使道路质量降低，反而提高了道路质量。另外，研究发现由上级投资修建道路的质量明显较高，村里自行投资的道路项目会降低道路质量。

六、在农户层面，他们具有很强的集资建设公共设施的意愿，希望参与设计和实施项目

调查发现，60%的农户对公共物品的现状表示满意，80%以上的农户愿意集资修建公共基础设施，说明农村基本公共服务还是不能满足农户的需求，仍然存在很大的提升空间。另外，“村村通”道路项目的实施，使村庄修建道路

时更多地向村民集资。但分析发现，村民集资的资金有所增加，却并没有影响到对道路项目的满意程度。村民更加愿意自主设计实施项目，有些上级投资修建的道路项目，因为农户不能按照自己的意图设计施工，反而降低了村民的满意程度。

七、村庄新修道路对女性村民非农就业有显著影响，近年来新修道路对村民非农就业的影响效果不显著

通过应用影响评估方法分析发现，2005～2006 年村庄新修的道路，使 2007 年女性非农就业月平均工作时间增加了 40 小时。但 2008～2010 年新修的道路对 2011 年村民非农就业影响并不显著。可能的原因是 2008 年以来新修道路的内容主要是铺设硬化道路，连通村里和外界的道路较少，没有显著改善村庄与外界的通达性。另外，也可能这些新修硬化道路的影响需要更长时间才能体现出来。

第二节　研究的政策建议

根据本书的研究结果，作者提出以下政策建议，以期为完善农村公共物品投资策略、提高农村基础设施和公共服务提供水平、促进城乡协调发展提供一些决策参考。

一、进一步加大农村公共物品的投资力度，尤其要关注灌溉设施、生态环境、学校和诊所的投资

本书发现，虽然我国农村公共物品投资力度比一些发展中国家要高，但相对于韩国等国家在经济起飞时期的投资而言，还是有所不足。从农民对公共基

础设施和服务的满意程度与投资意愿看，仍然不能满足当前农民的需要。为了加快缩小城乡差距目标的实现，有必要进一步加大农村公共物品投资的实施力度。具体项目方面，考虑到灌溉基础设施长期以来投资不足，急需更多的关注。考虑到学校和诊所以及生态环境方面投资力度近年来减弱的趋势，需要加强这些项目投资，使投资结构向更均衡、更有助于实现统筹城乡发展的方向转变。

二、农村公共物品投资今后需要更多考虑基础设施差、相对贫困、偏远和山地地区的需要，进一步缩小地区间基础设施与公共服务提供水平的差距

研究结果显示，在基础设施薄弱地区、相对贫困地区、偏远和山地地区，基础设施和公共服务提供水平仍然相对较差。需要上级政府部门在进行公共物品投资决策时，更多地投向这些地区。这种投资策略有助于统筹区域的发展，降低区域差异。

三、公共物品投资项目在保证高质量前提下需要兼顾村民的需求和投资意愿，修建项目时应当更多采用由上级政府、村集体和村民共同出资修建的方式

由上级政府投资的项目通常质量比村庄自己出资修建的项目质量要高。但是村庄自己出资设计修建的项目往往更好地照顾到了村民的实际需要。上级政府在今后实施项目中，应广泛征求村民的意见后再制定投资策略，这样才能更好地满足村民的生产生活需要。

第三节 创新和不足

一、创新之处

对比已有的相关研究，本书主要有以下几点创新：

（1）研究内容的创新。国内外文献对于农村公共物品投资的研究多从宏观层面入手，分析财政支出和投资回报率等方面。本书从微观村级层面角度，不但分析了多年来公共物品投资数量和规模的发展变迁，还探讨了公共基础设施质量以及农户对公共物品满意程度的决定因素。尤其是使用了影响评估方法，评估了道路项目对村民非农就业的影响。

（2）研究数据方面的创新。以往关于农村公共物品投资的研究，调查的时间跨度往往只有一期，而且多局限于一个或几个地区。本书利用了四期全国5省、25个县、101个样本村的具有全国代表性的实地调查数据。这四期的一手调查问卷经过国内外专家多次修改和设计、专业调研团队的认真收集，数据质量真实可靠。并且有两个轮次2020户村民基本情况的数据，全面支撑了本书的研究内容。

（3）研究方法的创新。本书不同于以往的研究在于，大量地使用了面板数据分析方法，在一定程度上克服了研究中出现的内生性问题。尤其是采用了影响评估方法，使估计的结果从计量经济学的角度更可信。同时，对公共物品投资相关变量采用了多个指标进行度量，从不同的角度相互验证，得到了更可靠的结果。

二、不足之处和进一步的研究方向

虽然本书取得了以上的研究成果，但也存在着一些以后有待进一步研究的方面或者不足，具体而言包括以下几点：

（1）本书没有进一步详细了解村庄财政状况，村庄收支和负债情况也可能会影响村庄公共物品投资。我们的数据集中于相关的设计，对于这一部分内容的挖掘将是下一步的研究内容。

（2）对公共物品提供决定因素的分析中，没有单独考虑村庄选举的影响。选举行为背后的决定因素有着很强的经济学含义。我们的数据集中也有针对村庄选举的内容设计，对于这一部分内容的挖掘也将是下一步的研究内容。

另外，由于条件限制，本书的样本村庄数量为 101 个，数量略少，所以有些模型的估计结果可能不是十分理想。有鉴于此，下一步的研究可以考虑加大样本数量，将研究结论推广。

参考文献

[1] Alesina A., Baqir R., Easterly W. Public goods and ethnic divisions [J]. The Quarterly Journal of Economics, 1999, 114 (4) : 1243-1284.

[2] Aschaue D. A. Is public expenditure productive? [J]. Journal of Monetary Economics, 1989, 23 (2): 177-200.

[3] Banerjee A., Lakshmi I., Rohini S. Public action for public goods [J]. Handbook of Development Economics, 2008 (4): 3117-3154.

[4] Becker. S. O., Ichino A. Estimation of average treatment effects based on propensity scores [J]. The Stata Journal, 2002, 2 (4): 358-377.

[5] Bird R., Brandt L., Rozelle S., Zhang L. Fiscal reform and rural public finance in China [J]. China's Local Public Finance in Transition, 2011 (1): 227-243.

[6] Blanchflower D., Oswald A. Well-being over time in Britain and the USA [J]. Journal of Public Economics, 2004 (88): 1359-1386.

[7] Calderon C., Serven L. The effects of infrastructure development on growth and income distribution [R]. The World Bank, 2004.

[8] Canning D. Infrastructure's contribution to aggregate output [J]. World Bank Policy Research Working Paper, 1999 (1): 7-14.

[9] Chattopadhyay R., Duflo E. The Impact of reservation in the panchayati Raj: Evidence from a nationwide randomized experiment [J]. Economic and Political Weekly, 2004, 39 (9): 979-986.

[10] Cohen J. P., C. Paul J. M. Public infrastructure investment, interstate

spatial spillovers, and manufacturing costs [J]. Review of Economics and Statistics, 2004, 86 (2): 551-560.

[11] Cusack T. R. Partisan politics and public finance: Changes in public spending in the industrialized democracies 1955-1989 [J]. Public Choice, 1997, 91 (3-4): 375-395.

[12] Demurger S. Infrastructure development and economic growth: an explanation for regional disparities in China? [J]. Journal of Comparative Economics, 2001, 29 (1): 95-117.

[13] Dercon S., Gilligan D. O., Hoddinott J., Woldehanna T. The impact of agricultural extension and roads on poverty and consumption growth in fifteen Ethiopian villages [J]. Americal Journal of Agricultural Economics, 2009, 91 (4): 1007-1021.

[14] Diener E., Lucas S. Smith H. Subjective well-being: Three decades of progress [J]. Psychological Bulletin, 1999 (125): 276-302.

[15] Duffy B. Satisfaction and expectations: Attitudes to public services in deprived areas [J]. Centre for the Analysis of Social Exclusion (CASE), 2000 (1): 45-47.

[16] Duflo E. The medium run effects of educational expansion: Evidence from a large school construction program in Indonesia [J]. Journal of Development Economics, 2004, 74 (1): 163-197.

[17] Deichmann U & Lall S. Are You Satisfied? Citizen Feedback and Delivery of Urban Services [J]. World Bank Policy Research Working Paper, 2003 (1): 3-14.

[18] Easterly W., Irwin T., Servén L. Walking up the down escalator: Public investment and fiscal stability [J]. World Bank Research Observer, 2008, 3 (1): 37-56.

[19] Escobal J., Ponce C. The benefit of rural roads: Enhancing income opportunities for the rural poor [J]. The Group of Analysis for Development Working Paper, 2001 (40): 3-14.

[20] Fan S. Public expenditures, growth, and poverty in developing countries: Lessons from developing countries [J]. International Food Policy Research Institute (IFPRI), 2008.

[21] Fan S., Chan-Kang C. Road development, economic growth, and poverty reduction in China [J]. International Food Policy Research Institute (IFPRI), 2005.

[22] Fan S., Zhang L., Zhang X. Growth, inequality, and poverty in rural China [R]. 2002.

[23] Fan S., Zhang L., Zhang X. Reforms, investment, and poverty in rural China [J]. Economic Development and Cultural Change, 2004, 52 (2): 395-421.

[24] Feldstein M. How big should government be? [J]. National Tax Journal, 1997 (1): 197-213.

[25] Foster A. D, Rosenzwei M. Democratization and the distribution of local public goods in a poor rural economy [R]. 2004.

[26] Foster A. D., Rosenzweig M. Technological change and the distribution of schooling: Evidence from green-revolution India [J]. Journal of Development Economics, 2004, 74 (1): 87-111.

[27] Frey B. S., Luechinger S., Stutzer A. The life satisfaction approach to valuing public goods: The case of terrorism [J]. Public Choice, 2009, 138 (3-4): 317-345.

[28] Gannon C. A. , Liu Z. Poverty and transport [D]. World Bank Washington. DC, 1997.

[29] Haddad L., Alderman H., Appleton S., Song L. Yohannes Y. Reducing child malnutrition: how far does income growth take us? [J]. The World Bank Economic Review, 2003, 17 (1): 107-131.

[30] Heckman J., Ichimura H., Todd P. Matching as an econometric evaluation estimator: Evidence from evaluating a job training programme [J]. The Review of Economic Studies, 1997, 64 (4): 605-654.

[31] Hirano K., Imbens G. W., Ridder G. Efficient estimation of average treatment effects using the estimated propensity score [J]. Econometrica, 2003, 71 (4): 1161-1189.

[32] IMF (International Monetary Fund), Government Finance Statistics Manual [D]. Washington. DC, 2001.

[33] IRF (International Road Federation) . Rural Transport. IRF Bulletin Special Edition 1 [R]. 2010.

[34] Jacoby H. G. Access to markets and the benefits of rural roads [J]. The Economic Journal, 2000, 110 (465): 713-737.

[35] Jalan J., Ravallion M. Are there dynamic gains from a poor-area development program? [J]. Journal of Public Economics, 1998, 67 (1): 65-85.

[36] Khwaja AI. Is increasing community participation always a good thing? [J]. Journal of the European Economic Association, 2004, 2 (2-3): 427-436.

[37] Khwaja AI. Can good projects succeed in bad communities? [J]. Journal of Public Economics, 2009, 93 (7): 899-916.

[38] Khandker S. R., Bakht Z., Koolwal G. B. The poverty impact of rural roads: evidence from Bangladesh [J]. Economic Development and Cultural Change, 2009, 57 (4): 685-722.

[39] Kremer M. Research on Schooling: What We Know and What We Don't: A Comment on Hanushek [J]. The World Bank Research Observer (10) , 1995 (8): 247-254.

[40] Li Q., Huang J., Luo R., Liu C., China's Labor Transition and the Future of China's Rural Wages and Employment [J]. China & World Economy, 2013, 21 (3): 4-24.

[41] Liu C., Zhang L., Luo R., Rozelle S., Loyalkac P. The effect of primary school mergers on academic performance of students in rural China [J]. International Journal of Educational Development, 2010, 30 (6): 570-585.

[42] Liu C., Zhang L., Luo R., Rozelle S. Infrastructure investment in rural China: is quality being compromised during quantity expansion? [J]. The China

Journal, 2009 (1): 105-129.

[43] Liu Y., Chen Y., Long H. Regional diversity of peasant household response to new countryside construction based on field survey in eastern coastal China [J]. Journal of Geographical Sciences, 2011, 21 (5): 869-881.

[44] Luechinger S., Raschky P. Valuing flood disasters using the life satisfaction approach [J]. Journal of Public Economics, 2009 (93): 620-633.

[45] Luechinger S. Valuing air quality using the life satisfaction approach [J]. The Economic Journal, 2009, 119 (536): 482-515.

[46] Marlow M. L., Shiers A. Do law enforcement expenditures crowd-out public education expenditures? [J]. Applied Economics, 1999, 31 (2): 255-266.

[47] Mogues T., Yu B., Fan S., McBride L. The Impacts of Public Investment in and for Agriculture [J]. IFPRI Discussion Paper, 2012 (1): 7-14.

[48] Ng Y. K. A case for happiness, cardinalism, and interpersonal comparability [J]. Economic Journal, 1997 (107): 1848-1858.

[49] Oates W. E. On the theory and practice of fiscal decentralization [J]. Institutional Foundations of Public Finance: Economic and Legal Perspectives, 2008: 165-203.

[50] Park A., Wang S. Community-based development and poverty alleviation: An evaluation of China's poor village investment program. Journal of Public Economics [J]. Elsevier, 2010, 94 (9-10): 790-799.

[51] Rosenbaum R., Rubin B. The central role of the propensity score in observational studies for causal effects [J]. Biometrika, 1983, 70 (1): 41-55.

[52] Romp W. , J. De Haan. Public capital and economic growth: A critical survey [J]. Perspektivender Wirtschaftspolitik, 2007, 8 (S1): 6-52.

[53] Rozelle S. Stagnation without equity: patterns of growth and inequality in China's Rural Economy [J]. The China Journal, 1996 (35): 63-96.

[54] Shah A. Balance, accountability, and responsiveness: lessons about decentralization [J]. World Bank Policy Research Working Paper, 1999 (1): 7-14.

[55] Samuelson P. The pure theory of public expenditure [J]. Review of Economics and Statistics 36, 1954: 387-389.

[56] Sass T. R. The choice of municipal government structure and public expenditures [J]. Public Choice, 1991, 71 (1-2): 71-87.

[57] Tiebout C. A Pure theory of local expenditures [J]. Journal of Political Economy, 1956, 64 (5): 416-424.

[58] Timmer P. The Agricultural Transformation in Carl Eicher and John Staatz (eds.) International Agricultural Development. Third Edition [M]. The John Hopkins University Press: Baltimore, 1998.

[59] Tsai L. Solidary groups, informal accountability, and local public goods provision in rural China [J]. American Political Science Review, 2007, 101 (2): 355-372.

[60] Van de Walle D. Impact evaluation of rural road projects [J]. Journal of Development Effectiveness, 2007, 1 (1): 15-36.

[61] Van de Walle D., Mu R. Fungibility and the flypaper effect of project aid: Micro-evidence for Vietnam [J]. Journal of Development Economics, 2007, 84 (2): 667-685.

[62] Van Praag B., Baarsma B. Using happiness surveys to value intangibles: the case of airport noise [J]. The Economic Journal, 2005, 115: 224-226.

[63] Warr P. Road development and poverty reduction: the case of Lao PDR [J]. Asian Development Bank Institute Research Paper Series, 2005 (64): 7-14.

[64] W. H. O. Macroeconomics and health: investing in health for economic development: executive summary/report of the Commission on Macroeconomics and Health [R]. 2010.

[65] Wong H., Luo R., Zhang L., Rozelle S. Providing quality infrastructure in rural villages: The case of rural roads in China [J]. Journal of Development Economics, 2013 (1): 262-274.

[66] Wooldridge J. M. Econometric analysis of cross section and panel data. Second Edition [M]. The MIT Press, 2010.

[67] World Bank. World development report : infrastructure for development [M]. New York: Oxford University Press, 1994.

[68] World Bank. The growth report: strategies for sustained growth and inclusive Development [R]. World Bank-free PDF, 2008.

[69] Yamauchi F., Muto M., Chowdhury S., Dewina R., Sumaryanto S. Spatial networks, labor supply, and income dynamics: evidence from Indonesian villages [J]. International Food Policy Research Institute Discussion Paper, 2009 (1): 89-92.

[70] Yi H., Hare D., Zhang L. Does the provision of public goods correspond to local demand?[J]. Contemporary Economic Policy, 2011, 29 (1): 115-137.

[71] Yoshino Y. Domestic constraints, firm characteristics, and geographical diversification of firm-level manufacturing exports in Africa [J]. World Bank Policy Research Working Paper Series, 2008 (1): 7-14.

[72] Zhang L., Liu C., Luo R., Rozelle S. Investing in rural China: Tracking China's commitment to modernization [J]. Chinese Economy, 2006, 39 (4): 57-84.

[73] Zhang X., Fan S., Zhang L., Huang J. Local governance and public goods provision in rural China [J]. Journal of Public Economics, 2004, 88 (12): 2857-2871.

[74] Zhang X., Fan S. How productive if infrastructure? New approach and evidence from rural India [J]. American Journal of Agricultural Economics, 2004, 86 (2): 492-501.

[75] Zhao Y. Leaving the countryside: Rural-to-urban migration decisions in China [J]. American Economic Review, 1999a, 89 (2): 281-286.

[76] Zhao Y. Labor migration and earnings differences: the case of rural China [J]. Economic Development and Cultural Change, 1999b, 47 (4): 767-782.

[77] Zhou X. The road to collective debt in rural China: bureaucracies, social institutions, and public goods provision [J]. Modern China, 2011 (1): 7-14.

[78] 安东尼·B., 阿特金森, 约瑟夫·E. 斯蒂格里茨. 公共经济学

[M]. 上海：上海三联书店，上海人民出版社，1994.

[79] 蔡昉. 破解中国经济发展之谜 [M]. 北京：中国社会科学出版社，2014.

[80] 陈抗，Arye L. Hillman，顾清扬. 财政集权与地方政府行为变化——从援助之手到攫取之手 [J]. 经济学季刊，2002 (4)：111-130.

[81] 陈锡文. 中国农村公共财政制度——理论、政策、实证研究 [M]. 北京：中国发展出版社，2005.

[82] 陈宗胜，沈扬扬，周云波. 中国农村贫困状况的绝对与相对变动——兼论相对贫困线的设定 [J]. 管理世界，2013 (1)：67-77.

[83] 陈煌，王金霞，黄季焜. 农田水利设施抗旱效果评估：基于全国7省 (市) 的实证研究 [J]. 自然资源学报，2012 (10)：1656-1665.

[84] 陈硕. 分税制改革、地方财政自主权与公共品供给 [J]. 经济学季刊，2010 (4)：1427-1446.

[85] 程令国，张晔，刘志彪. "新农保" 改变了中国农村居民的养老模式吗？[J]. 经济研究，2013 (8)：42-54.

[86] 崔登峰，王秀清，朱金鹤. 西部边疆民族地区农村基本公共服务优先顺序研究——基于新疆42个县市96个村镇的调研数据 [J]. 农业经济问题，2012 (3)：70-76.

[87] 邓蒙芝，罗仁福，张林秀. 道路基础设施建设与农村劳动力非农就业——基于5省2000个农户的调查 [J]. 农业技术经济，2011 (2)：4-11.

[88] 邓子基. 公共财政与农村改革发展 [J]. 厦门大学学报 (哲学社会科学版)，2009 (1)：5-11.

[89] 丁学东，张岩松. 公共财政覆盖农村的理论和实践 [J]. 管理世界，2007 (10)：1-7.

[90] 樊胜根. 公共支出、经济增长和贫困——来自发展中国家的启示 [M]. 北京：科学出版社，2009.

[91] 樊胜根，张林秀，张晓波. 经济增长、地区差距与贫困——中国农村公共物品投资研究 [M]. 北京：中国农业出版社，2002.

[92] 傅勇，张晏. 中国式分权、与财政支出结构偏向：为增长而竞争的

代价［J］. 管理世界，2007（3）：4-12.

［93］国家统计局. 中国统计摘要 2012［M］. 北京：中国统计出版社，2012.

［94］国家统计局. 中国统计年鉴 2011［M］. 北京：中国统计出版社，2011.

［95］国土资源部. 打好旱时地下水利用的时间差——水文地质专家为抗旱支招［EB/OL］. http：//www.mlr.gov.cn/xwdt/jrxw/200902/t20090217114821.html.

［96］国务院发展研究中心课题组. "十二五"时期我国农村改革发展的政策框架与基本思路［J］. 改革，2010（5）：5-20.

［97］郭劲光，高静美. 我国基础设施建设投资的减贫效果研究：1987～2006［J］. 农业经济问题，2009（9）：63-71.

［98］郭君平，吴国宝. 社区综合发展减贫方式的农户收入效应评价——以亚洲开发银行贵州纳雍社区扶贫示范项目为例［J］. 中国农村观察，2013（6）：22-30.

［99］韩俊. 中国城乡关系演变 60 年回顾与展望［J］. 改革. 2009（11）：5-14.

［100］胡东兰，田侃，夏杰长. 中国财政支农支出对农村居民消费影响——实证分析与政策建议［J］. 财政研究，2013（1）：50-53.

［101］霍米·卡拉斯. 中国向高收入国家转型：避免中等收入陷阱的因应之道［J］. 比较，2011（1）：7-8.

［102］惠恩才. 我国农村基础设施建设融资研究［J］. 农业经济问题，2012（7）：63-69.

［103］黄佩华，迪帕克（Deepak Bhattasali）. 中国国家发展与地方财政［M］. 北京：中信出版社，2003.

［104］姜涛. 农村基础设施公共物品投资的优先序研究基于 1994～2009 年中国省际面板数据［J］. 农业经济与管理，2012（4）：66-72.

［105］交通部网站. 加快实施农村公路"五年千亿元建设工程"——三谈贯彻落实全国交通工作会议精神［EB/OL］. http：//www.moc.gov.cn/zhuzhan/

gongzuohuiyi/quanguojiaotong_GZHY/2006jiaotonggongzuo_HY/guancheluoshi/200709/t20070927_421533. html.

［106］雷晓燕，谭力，赵耀辉. 2010 退休会影响健康吗？［J］. 经济学季刊，2010（4）：1539-1558.

［107］李强，罗仁福，刘承芳，张林秀. 新农村建设中农民最需要什么样的公共服务——农民对农村公共物品投资的意愿分析［J］. 农业经济问题，2006（10）：15-20.

［108］李琴，李大胜，熊启泉. 我国农村基础设施供给的优先序——基于广东英德、鹤山的实证分析［J］. 上海经济研究，2009（6）：11-18.

［109］李燕凌，曾福生. 农村公共支出效果的理论与实证研究［J］. 中国农村经济，2006（8）：23-33.

［110］李燕凌，欧阳万福. 县乡政府财政支农支出效率的实证分析［J］. 经济研究，2011（10）：110-122.

［111］李周. 中国农村发展的成就与挑战［J］. 中国农村经济，2013（8）：4-14.

［112］林万龙. 中国农村公共服务供求的结构性失衡：表现及成因［J］. 管理世界，2007（9）：62-68.

［113］林毅夫. "三农"问题与我国农村的未来发展［J］. 农业经济问题，2003（1）：19-24.

［114］林毅夫. 落实社会主义新农村建设的五点建议［J］. 金融经济，2006（7）：15-16.

［115］林毅夫. 从西潮到东风：我在世行四年对世界重大经济问题的思考和见解［M］. 北京：中信出版社，2012.

［116］林毅夫. 城市竞争力与可持续发展［J］. 财经，2013（30）.

［117］刘秉镰，武鹏，刘玉梅. 交通基础设施与中国全要素生产率增长——基于省域数据的空间面板计量分析［J］. 中国工业经济，2010（3）：54-64.

［118］刘穷志. 公共支出归宿：中国政府公共服务落实到贫困人口手中了吗？［J］. 管理世界，2007（4）：60-67.

[119] 刘尚希．公共支出范围：分析与界定［J］. 经济研究，2002（6）：77-85.

[120] 刘晓昀，辛贤，毛学锋．贫困地区农村基础设施投资对农户收入和支出的影响［J］. 中国农村观察，2003（1）：31-36.

[121] 罗仁福，张林秀，邓蒙芝．农村公共物品投资策略的实证分析［J］. 中国科学基金，2008（6）：325-330.

[122] 罗仁福，张林秀，黄季焜，罗斯高，刘承芳．村民自治、农村税费改革与农村公共物品投资［J］. 经济学季刊，2006（3）：1295--1310.

[123] 罗仁福，张林秀，王晓兵，乔方彬，Sean Sylvia. 高速公路变迁对农村劳动力非农就业的影响研究［J］. 经济经纬，2013（4）：44-48.

[124] 罗仁福，张林秀，赵启然，黄季焜．从农村公共基础设施变迁看未来农村公共物品投资方向［J］. 中国软科学，2011（9）：30-40.

[125] 马林靖，张林秀．农户对灌溉设施投资满意度的影响因素分析［J］. 农业技术经济，2008（1）：34-39.

[126] 孟昕．城乡人口迁移的趋势及政策影响——2008~2012 年［J］. 比较，2013（65）：1-4.

[127] 朴振焕，潘伟光，郑靖吉，魏蔚．韩国新村运动：20 世纪 70 年代韩国农村现代化之路［M］. 北京：中国农业出版社，2005.

[128] 乔宝云，范剑勇，冯兴元．中国的财政分权与小学义务教育［J］. 中国社会科学，2005（6）：37-46.

[129] 人民网．30 年间中国绝对贫困人口减至 1500 万以下［EB/OL］. http：//www. gov. cn/wszb/zhibo275/content_1127309. htm.

[130] 人民网．今年农村公路中央投资逾 460 亿元［EB/OL］. http：//paper. people. com. cn/rmrb/html/2012 - 04/01/nw. D110000renmrb _ 20120401 _ 6-04. htm.

[131] 人民网．农村饮水工程“十二五”投资 1700 亿元［EB/OL］. http：//finance. people. com. cn/GB/70846/17457948. html.

[132] 沈坤荣，张璟．中国农村公共支出及其绩效分析——基于农民收入增长和城乡收入差距的经验研究［J］. 管理世界，2007（1）：30-40.

［133］世界银行．1994 年世界银行发展报告——为发展提供基础设施［M］．北京：中国财政经济出版社，1994.

［134］世界银行．2004 年世界银行发展报告——让服务惠及穷人［M］．北京：中国财政经济出版社，2004.

［135］世界银行．改善农村公共服务［M］．北京：中信出版社，2008.

［136］水利部．中国水利统计年鉴 2012［M］．北京：中国水利水电出版社，2012.

［137］水利部网站．农村饮水工程［EB/OL］．http：//www. mwr. gov. cn/ztpd/2013ztbd/jjjswx/ncysgc/201307/t20130725477308. html.

［138］苏明．公共财政与社会主义新农村建设［J］．财政研究，2007（5）：22-30.

［139］唐娟莉，刘春梅，朱玉春．农村公共服务满意程度与优先序的实证分析——基于陕西省农户层面的实地调研［J］．华东经济管理，2011（11）：99-102.

［140］田聪明．实现“村村通”迈向新世纪［J］．中国广播电视学刊，1999（1）：5-7.

［141］王少平，欧阳志刚．中国城乡收入差距对实际经济增长的阈值效应［J］．中国社会科学，2008（2）：54-66.

［142］吴洪鹏，刘璐．挤出还是挤入：公共物品投资对民间投资的影响［J］．世界经济，2007（2）：13-22.

［143］夏峰．千户农民对农村公共服务现状的看法——基于 29 个省份 230 个村的入户调查［J］．农业经济问题，2008（5）：68-73.

［144］谢登科．大力推进六小工程建设［J］．新华每日电讯，2003（11）.

［145］谢旭轩，马训舟，张世秋．应用匹配倍差法评估退耕还林政策对农户收入的影响［J］．北京大学学报自然科学版，2011（7）：759-767.

［146］新华网．中央财政“三农”五年累计支出 4. 47 万亿元年均增长 23. 5%［EB/OL］．http：//news. xinhuanet. com/2013lh/2013-03/05/c_132208669. html.

［147］续竞秦．中国的财政分权与地方政府公共支出——以财政农业支出为例［J］．农村经济，2009（12）：79-82.

[148] 杨美丽. 江苏省农村公共物品投资现状及不同类型农村居民对农村公共物品投资期望的个案考察 [J]. 中国农学通报，2007 (3)：626-629.

[149] 岳爱，杨矗，常芳，田新，史耀疆，罗仁福，易红梅. 新型农村社会养老保险对家庭日常费用支出的影响 [J]. 管理世界，2013 (8)：101-108.

[150] 约翰逊. 经济发展中的农业、农村、农民问题 [M]. 北京：商务印书馆，2004.

[151] 曾红颖. 我国基本公共服务均等化标准体系及转移支付效果评价 [J]. 经济研究，2012 (6)：20-32.

[152] 曾宪萍，何晶. 我国农村公路发展问题研究 [J]. 宏观经济管理，2011 (7)：40-41.

[153] 赵宇，姜海臣. 基于农民视角的主要农村公共品供给情况——以山东省 11 个县（市）的 32 个行政村为例 [J]. 中国农村经济，2007 (5)：52-62.

[154] 张军，高远，傅涌，张弘. 中国为什么拥有了良好的基础设施? [J]. 经济研究，2007 (3)：4-19.

[155] 张林秀. 随机干预试验——影响评估的前沿方法 [J]. 地理科学进展，2013 (6)：843-851.

[156] 张林秀，罗仁福，刘承芳，Scott Rozelle. 中国农村社区公共物品投资的决定因素分析 [J]. 经济研究，2005 (11)：76-86.

[157] 张同龙，张林秀. 村民在村委会选举中的投票行为与公共物品投资出资意愿——基于全国 5 省 100 村 2000 户农户调查数据的实证分析 [J]. 中国农村经济，2013 (1)：87-96.

[158] 张晓波，樊胜根，张林秀，黄季焜. 中国农村基层治理与公共物品提供 [J]. 经济学季刊，2003 (3)：947-960.

[159] 政府网. 关于实施中央财政小型农田水利重点县建设的意见 [EB/OL]. http：//www. gov. cn/zwgk/2009-06/26/content_1351203. htm.

[160] 中国网. 我国有效灌溉面积增加 1. 72 亿亩 [EB/OL]. http：//finance. china. com. cn/roll/20120503/697957. shtml.

[161] 周飞舟. 分税制十年：制度及其影响 [J]. 中国社会科学，2006a (6)：100-115.

［162］周飞舟．从汲取型政权到悬浮型政权：税费改革对国家和农民关系之影响［J］．社会学研究，2006b（3）：1-38.

［163］周青，郑恒峰，黄兴生．取消农业税后强化农村公共服务供给的对策思考——基于福建省几个县市农村公共服务需求问卷调查的分析［J］．福建论坛，2008（4）：110-113.

［164］朱晶．农业公共物品投资、竞争力与粮食安全［J］．经济研究，2003（1）：13-20.

［165］朱玉春，唐娟莉，罗丹．农村公共品供给效果评估：来自农户收入差距的响应［J］．管理世界，2011（9）：82-88.

致　谢

在博士学位论文完成之际，向四年来关心和帮助我的师长及朋友们致以深深的谢意。

首先要衷心感谢导师张林秀研究员。在完成论文的过程中，离不开张老师的精心指导。无论是在论文的选题、构思、方法的使用、逻辑的顺序，还是对文章总体结构的把握上，张老师都提出了许多宝贵的建议。张老师一丝不苟、严谨扎实的治学态度，谦逊宽厚的人格魅力无一不让我钦佩；能做张老师的学生，是我人生十分幸运、宝贵的经历。

感谢另一位导师，著名的经济学家黄季焜研究员，虽然没有在黄老师指导下撰写论文，但多次聆听黄老师的讲座，深刻感受到黄老师的睿智和博学。无数次在晚间看到黄老师办公室灯光依然亮着，让我一直都感受到身教胜于言传的力量。

感谢著名的发展经济学家斯坦福大学的 Scott Rozelle 教授，在斯坦福大学访问期间向他学到很多方法。感谢马里兰大学博士生 Sean Sylvia，和他一起讨论论文让我学到不少写作的要领。

感谢 REAP 团队的刘承芳博士、罗仁福博士、易红梅博士、史耀疆教授、李桂荣教授对我的关怀和指导。感谢农业政策研究中心各位老师对我学习和生活上的诸多帮助，他（她）们是王金霞博士、宋一青博士、王晓兵博士、李路平博士、邓祥征博士、贾相平博士、仇焕广博士、白军飞博士、候玲玲博士、林玉仙女士、王莉女士、李玉敏女士。

感谢地理所的师兄弟姐妹，他们是李强博士、张同龙博士、吴良博士、李俊博士、项诚博士、蔡金阳博士、侯麟科博士、李作稳博士、栾昊博士、周克博士、蔡颖萍博士、战雪峰博士、杨恩艳博士、严婷婷博士、汪阳洁博士、蒋竞博士、白云丽博士、李绍平博士、杨宇博士、彭博文博士、白钰博士、苏卫良博士、崔琦博士、李明先生、王武俊先生、杨文倩女士、殷芳女士、王宇先生、周琦女士、梁夏女士、何雨轩女士等，你们的陪伴给我四年的时光涂抹了丰富的色彩。

感谢一起出差的助理曲清和女士、郝英霞女士、蒋蕾女士、屈树群女士、莫迪女士、诸彦杰先生、史钊磊先生；西北大学的岳爱博士、常芳博士、李凡博士、杨小磊先生、苏小庆女士、危敏女士；四川大学的郝刚先生；南京农业大学的王海员博士；IAMO 的赵启然博士；中央财经大学的乔方彬教授。

感谢研究生处的王淑强、陈力、储晓红、陈晨、黄文丽等老师，他们的敬业精神和辛勤劳动，为我们的学习提供了一个宽松的环境。

感谢父母在我求学期间给予的鼓励和支持！感谢妻子赵明对我的默默付出！感谢所有关心我的亲人和朋友！你们的支持和鼓励是我不断前进的动力！

感谢国家自然科学基金委、中国科学院地理所给本书提供的资金支持！

杨云帆

甲午年夏于奥运村园区